무점포 무일푼으로

인터넷 Internet 창업하기

김영문

| 인터넷창업의 모든 것

인터넷창업의 이해와 성공전략

집현재

아름다운 삶, 사랑 그리고 마무리…

1997년 11월에 한국이 경제부도의 위기로 내몰리면서 수많은 직장인들이 정든 회사를 떠나 길거리로 쏟아져 나왔었는데, 그 때에 실직자들을 위해 막연히 무엇인가 도움이 되는 일을 해야 하겠다는 생각을 갖고 금훈섭 (주)이야기 대표, 신순희 (주)모든넷 대표, 하태호 사랑넷 대표 등을 만나서 1998년 8월에 한국소호벤처창업협의회(soho.sarang.net)라는 이름으로 모임을 만들었습니다. 무엇인가 거창한 단체를 만들겠다는 생각보다는 삶의 터전을 잃고 희망을 잃어버린 실직자들에게 조그마한 도움이라도 드리고 싶었습니다.

그 이후 1999년 3월에 계명대학교 대명캠퍼스 시청각실에서 대구광역시 곽영길 당시 주임의 도움을 받아서 「'99 소호창업박람회」를 개최하였는데, 아마도 3,000명 정도는 참가한 것으로 기억이 납니다. 부스 40개를 설치하였고 세미나도 진행하였는데, 그 당시 신일희 계명대학교 총장님을 비롯한 참석한 내빈들이 박람회장에 들어가기도 힘들 정도로 많은 예비창업자들이 참석을 하였습니다. 개회사를 하면서 벤허 영화를 감독한 윌리엄 와일러가 시사회에서 말한 "하느님, 이 영화를 정말 제가 만들었습니까?"를 인용하면서 감격해 했던 생각이 아직도 생생합니다.

1999년 10월에는 중소기업청으로부터 한국소호진흥협회(www.sohokorea.org)로 명칭을 변경하여 사단법인 인가를 받았는데, 그 당시에 신민철 사무관께서 사단법인 인가를 받을 생각이 없느냐고 했을 때에 처음에는 거절했던 생각도 납니다. 사단법인을 만들기 위해서 창업분야의 일을 하였던 것도 아니었고, 굳이 사단법인이 필요하지 않았던 것입니다. 그 이후 한두 번 정도 더 전화를 받고서야 사단법인을 만들어서 일을 해야 하겠다는 생각을 하였습니다. 그때에는 소호(soho)라는 말보다는 벤처(venture)라는 말이 더 인기가 있었기 때문에 소호관련 협회를 운영하는 것이 매우 힘들기도 하였습니다.

2001년에 뉴비즈니스연구소(www.newbiz.or.kr) 사이트를 뜻을 같이 하시는 분들과 함께 개설하였는데, 그것은 생각하는 창업, 연구하는 창업, 뿌리가 있는 창업의 필요성을 느끼면서, 창업도 조사와 연구를 통해서 발전할 수 있다는 것을 알았기 때문입니다. 다른 사람의 아이템을 베끼거나 대충 시작해서는 절대로 성공창업을 보장받을 후 없기 때문입니다. 개인적으로 볼 때에는 뉴비즈니스연구소(www.newbiz.or.kr) 사이트를 오픈하면서 창업관련 조사 및 연구 활동을 활발하게 진행하였습니다. 물론 뉴비즈니스연구소라는 사이트가 설립 취지에 맞게 성공하였다고는 할 수가 없으나 창업분야에서 조사 및 연구가 얼마나 중요한가를 깨닫게 된 계기가 되었습니다.

2003년도에는 저에게 전혀 예상하지 못한 일이 일어났습니다. 그것은 계명대학교 벤처창업보육사업단의 설립을 위해 일을 하였지만, 설립 후 전혀 사업단의 운영에 참여하지 못해 많은 서러움을 갖고 있었던 저에게 사업단장이라는 직책이 맡겨지게 되었습니다. 제가 그 일을 맡게 될 것이라고는 꿈에도 생각하지 않았기에 혼신의 힘을 다해서 열심히 일을 하였다고 자부합니다.

2003년 2월 1일부터 계명대학교 벤처창업보육사업단(www.kubic.co.kr)의 단장으로 일을 하면서 중소기업청 평가에서 대구경북지역 36개 창업보육센터 중에서 유일하게 6년 연속 최우수 평가를 받았습니다. 2005년에는 정보통신부장관 표창을 받았으며, 그해 전국 최우수 창업보육센터장으로 선정되어 산업자원부장관 표창을 받기도 하였습니다. 이러한 업적들은 함께 수고한 박신제 매니저, 정태용 매니저, 차재민 매니저, 김미영 등 사업단에 근무하는 모든 분들의 수고 때문이라고 생각하며, 고마움을 전하고자 합니다.

이렇게 창업분야의 일을 하다보니 방송과도 인연이 많았습니다. 1999년에는 TBC 라디오 박원달PD와 인연을 맺으면서 「알기쉬운 경제교실」에 1년 6개월간 출연하였으며, TBC TV의 아침방송에서 이학락PD와 함께 「클릭! 김영문의 인터넷세상」을 6개월간 진행하였으며, KBS 1라디오에서 김지인 부장과 「창업이 보인다」라는 프로그램 꼭지에 4년 이상 고정 출연을 하고 있습니다.

언론활동 중에서 아마 가장 기억에 남은 방송이라면 당시 KBS 9시뉴스 진행자였던 황현정 아나운서와 서울 여의도에서 소호창업에 대해 2시간 생방송을 했던 것이었는데, 하도 긴장을 해서 방송 전에 화장실을 10번은 간 것 같았습니다. 처음에는 힘들었던 방송이 그 이후에는 너무 쉽게 느껴졌으나 이제는 말 한마디에도 책임감을 느끼는 시간들이 되었습니다. 저의 한 마디로 인해 방송을 보고 듣는 분들에게는 알토란 같이 모은 전 재산을 날릴 수도 있다는 것을 알게 되었기 때문입니다.

2004년 4월 20일에는 사랑나눔재단(www.mis.or.kr)을 예수그리스도의 인도하심으로 설립하여 2006년 2월 22일에 대구광역시로부터 사랑나눔회(www.mis.or.kr, 현재 웹사이트는 폐쇄하였으며 cafe.daum.net/isoho2jobs에서 통합 운영하고 있음)로 명칭을 변경하여 비영리민간단체(Non-Profit Organization, NPO)로 인가를 받았습니다. 사랑나눔회는 저의 삶에서 가장 중요한 일 중의 하나이기도 하였으며, 거듭나는 삶의 은사를 받는 계기를 마련해 주었습니다. 천상천하유아독존(天上天下唯我獨尊)과 같은 삶에서 낮추고, 덜어내고, 긍휼히 여기는 마음을 갖도록 오래 전에 예수그리스도께서 저에게 예비하신 길이었다는 것을 굳게 믿습니다.

사실, 1998년부터 무엇 때문에 제가 창업분야의 일을 하게 되었는가에 대해 가끔 스스로에게 궁금하게 생각을 하였는데, 지금 생각해보면 사랑나눔회를 위한 준비와 훈련을 시키신 것이었다고 생각됩니다. (사)한국소호진흥협회에서 일을 하면서 프랜차이즈 본사와의 갈등이 너무 많아서 협회의 운영에 대해 좌절과 회의가 많았는데, 사랑나눔회에서 봉사를 하면서 나눔의 즐거움과 기쁨의 시간이 너무 많았습니다. 창업이라는 분야에서도 늘 다른 곳에서 방황하다가 이제야 제가 있어야 하는 곳에 왔다는 생각을 하게 되었습니다.

2005년 9월 1일에는 창업길라잡이 카페(cafe.daum.net/isoho2jobs)를 개설하였는데, 예비창업자들을 위해 매주 창업행사를 개최하며 창업상담도 해 드리는 기회를 만들어 보기 위함이었고, 아울러 사랑나눔회를 운영하기 위한 복지기금이 필요했기 때문이기도 하였습니다. 카페에서 진행하는 행사에 오시는 모든 분들이 사랑나눔회의 아름답고 따뜻한 후원자라는 것을 생각할 때에 그저 감사한 마음뿐입니다. 그 분들의 참가비는 한 푼의 낭비도 없이 예수그리스도께서 보시기에 부끄러움이 없도록 장애인, 모자가정, 교도소 수용자 등의 소외계층과 국내외의 선교사업을 위해 사용되고 있습니다.

2010년 3월 10일에는 대구경북창업카페연합회(cafe.daum.net/newbizclub)를 설립하였는데, 그것은 활동의 범위를 대구경북지역으로 한정하여 창업을 해야 하는 분들에게 소박하게 봉사하기 위함이었습니다. 이를 위해 사단법인 한국소호진흥협회 및 여러 관공서의 각종 위원 등을 모두 정리하였습니다. 남은 삶을 한 곳에 헌신하고, 그리고 아름답게 마무리를 하기 위한 마지막 준비라는 생각을 하였습니다.

사실 1998년 8월 이후 창업분야의 일을 하면서 주머니에는 늘 위장약을 갖고 다니면서 복용하였으며, 2003년 5월에 의식을 잃고 택시에 실려 병원에 가기도 하였습니다. 그때에는 식구들도 몰라보게 되었는데, 택시를 타고 병원에 가면서 조금씩 의식을 회복하게 되었습니다.

하지만, 또 다시 2009년 11월 28일 토요일 저녁에 잠을 자다가 뇌출혈로 다시 병원에 가게 되었으며 병원에 도착하자마자 의식을 잃고 뇌수술을 받게 되었습니다. 8일 만에 의식을 다시 찾았으며, 16일간의 중환자실 및 총 27일간의 입원을 통해 겨우 생명을 다시 찾았습니다.

한편, 2011년 3월에는 연구년 기간 중에 창업선도대학 계명대학교 창업지원단의 기술창업육성부장이라는 보직을 발령받았고, 그 해 11월 1일에는 창업지원단장의 보직을 발령받아 2013년 1월 31일까지 일을 하였습니다. 오직 예비창업자들만을 생각하면서 정말로 열심히 일을 하였으며, 2011~2012년의 창업선도대학 사업실적 평가에서 전국 18개의 창업선도대학 중에서 1위를 하였습니다. 하지만, 과로 및 스트레스로 인해 2012년 말에 뇌출혈의 후유증으로 인해 2번이나 쓰러져서 창업지원단장의 직에서 사임을 하고 연구실로 돌아왔습니다.

오랜 시간을 되돌아 가보면, 대학교 3학년 때에 학회장에 출마하면서 선거유세를 위해 강의실을 다니면서 「不義와 타협하지 않겠습니다.」라는 글자를 칠판에 적은 기억이 납니다. 그때의 그 마음이 아직도 그리고 앞으로도 변치 않기를 다짐하면서, 참으로 어지럽고 혼탁한 창업시장에서 아직은 저의 역할이 있음을 생각합니다. 아니, 저를 통해서 이루고자 하는 그 분의 뜻을 더 많이 알기를 원하며, 저에게 주신 재능을 통해 더 많은 분들이 창업을 통해 경제적으로 자립하고, 홀로서기를 하고, 아울러 승리했으면 하는 소망이 있습니다.

1998년 이후 창업분야에서 일을 해 오면서 배운 창업이론과 실무지식 그리고 창업현장에서의 경험을 바탕으로 지금까지 8권의 책을 출판하였습니다.

1. SOHO와 인터넷비즈니스, 동영출판사, 2000년
2. 한 권으로 끝내는 창업길라잡이, 창업학, 법문사, 2006년
3. 예비창업자가 꼭 알아야 하는 100가지, 법문사, 2009년

4. 창업길라잡이, 집현재, 2011년
5. 이베이(eBay)에서 창업하기, 책마을, 2011년
6. 500만원으로 창업하기, 집현재, 2011년
7. 카페(cafe)로 창업하기, 집현재, 2012년
8. 일본 소호(보따리)무역으로 창업하기, 집현재, 2012년

이러한 저서들을 집필함에 있어 선후배들의 자료를 참고로 정리하였고, 제가 쓴 글이나 설문조사한 자료들을 추가하면서 저 나름대로의 생각들을 담으려고 노력도 하였습니다. 하지만, 실제 창업을 한 경험이 없고 실무경력이 별로 없다보니 보시기에 많이 미흡하고 때로는 다른 분들의 업적을 가로챈 느낌마저 갖게 되어 송구스럽게 생각합니다. 혹시라도 본문 중에 참고문헌을 누락하였다면 고의가 아니었음을 말씀드리면서 용서를 구하고자 합니다.

이번에 집필하는 이 책 역시 누군가에게는 삶의 희망을 주고, 또 누군가에게는 빵이 되어 배고픔을 해결해 주었으면 좋겠습니다. 힘들어서 쓰러지고 싶고 때로는 삶을 포기하고 싶은 작은자들에게 어둠 속의 빛과 소금의 역할을 수행할 수 있었으면 더 이상 바랄 것이 없을 것 같습니다.

책의 서문에 무엇을 담을까 생각하다가 1998년 이후 창업분야에 몸을 담으면서 있었던 일들을 조금 정리해 보았습니다. 여기에 다 담지 못한 이야기들도 있고, 감사의 표시를 제대로 하지 못한 분들도 있습니다. 저를 낳아주시고 미국 유학경비를 보내 주시느라고 고생을 너무 하신 부모님, 그리고 세상에서 저와 소중한 인연을 맺은

가족들에게도 고마움을 전합니다.

그리고 2004년에 사랑나눔회를 시작하면서 나눔과 선교의 사업에 함께 하는 모든 분들에게도 진심으로 고마움을 전하면서, 사랑나눔회가 대를 이어 계속되기를 소망합니다. 사실, 사랑나눔회의 도메인 중에서 MIS는 management information system의 약어로서 당초 제가 근무하는 경영정보학과의 홈페이지로 사용할 계획이었으나, 2004년에 부산창업박람회를 참관하고 오늘 길에서 "mis(mission in sharing and humanity services) for glory of the God"이 갑자기 생각났는데 그것은 그 분의 인도하심이라고 생각합니다. 지금 생각해 보면, 16년간 창업분야에서 일을 하게 된 것도, 그리고 이 책을 쓰게 된 것도 모두 사랑나눔회를 통해 나눔과 선교사업에 일을 하신 그 분의 뜻이 있었다고 생각합니다.

그리고 살아오면서 때로는 저로 인해 고통을 받았거나 분노한 분들도 많이 있을 것이며, 지면을 빌어 죄송한 말씀과 용서를 구하고자 합니다. 철없던 시절의 잘못된 생각으로 많은 분들에게 심적, 육체적 고통을 주었음을 고백하며, 앞으로는 더 많은 분들에게 희망, 꿈, 소망, 그리고 행복을 드릴 수 있도록 남은 삶을 바치고자 합니다.

끝으로, 본 저서의 내용과 관련하여 몇 가지를 알려 드리고자 하며, 크게 성공하지는 못하더라도 적어도 실패하지 않는 창업에 많은 도움이 되시기를 원합니다.

1. 저서의 내용에 관해서 질문이 있거나 창업에 대한 도움이 필요하시면 창업길라잡이 카페(cafe.daum.net/isoho2jobs)의 [창업상

담 및 토론&질문] 게시판을 활용해 주십시오. 적극적으로 도움을 드릴 것입니다.

2. 창업길라잡이 카페(cafe.daum.net/isoho2jobs)의 [창업동영상(UCC)강좌] 게시판에 등록되어 있는 다양한 동영상(UCC)을 함께 활용하시면, 분명 성공적인 창업에 많은 도움이 될 것입니다.
3. 저서에서 소개한 다양한 창업아이템들에 대해서 교육을 받을 수 있는 기관을 찾아서 우선 교육을 받으신 후에 관련 서적을 구입하여 추가적으로 공부를 하는 것이 필요합니다.
4. 저서에 있는 다양한 창업아이템들을 융합시켜서 새로운 수익모델을 개발하는 것도 생각해 보시기 바랍니다. 향후 불투명한 경제전망을 보면, 한 가지의 창업아이템을 생각하기보다는 다양한 수익모델을 생각하면서 창업을 준비하는 것이 필요합니다.

2013년 5월에

김영문

목 차

제 1 장 인터넷창업의 이해

제 2 장
인터넷을 활용한 창업

제 3 장 인터넷창업의 홍보 및 광고전략

Internet Business

1

인터넷창업의 이해

무점포 무일푼으로 인터넷 창업하기

요즈음 외식업과 더불어 가장 인기 있는 창업분야라고 한다면 인터넷창업 혹은 인터넷비즈니스라고 할 수 있다. 외식업이 많은 자금과 점포가 반드시 필요하다고 한다면, 인터넷창업분야는 소자본으로 시작할 수 있으면서 별도의 점포가 없이 1인 재택창업의 형태로 시작할 수 있다는 장점이 있다. 사실, 컴퓨터와 인터넷에 대한 실무지식만 갖추면 인터넷창업은 본업뿐만 아니라 투잡스(two jobs)로도 가장 좋은 분야라고 할 수 있다. 이에 따라 1장에서는 인터넷창업의 기본적인 이론에 대해 설명할 것이다.

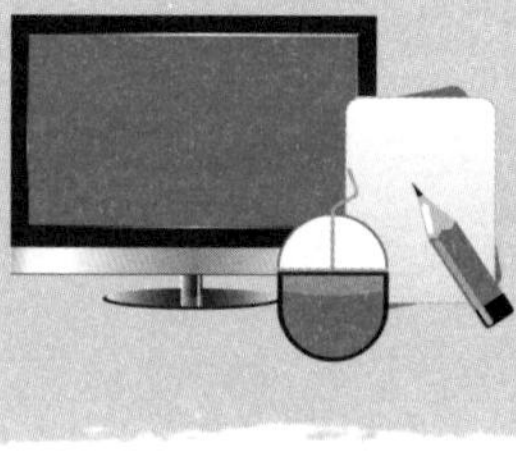

1 인터넷창업의 이해

1.1 인터넷창업의 개념

인터넷창업 혹은 인터넷비즈니스는 컴퓨터와 인터넷을 매개로 하여 상품과 서비스를 제공하거나 인터넷을 잘 사용할 수 있게 지원하면서 그것에 대한 대가를 수익모델로 삼는 사업이라고 할 수 있다(강현순, 2006). 이러한 인터넷을 이용한 창업은 기존 오프라인(off-line)에서 진행하는 사업방식에서 벗어나 인터넷이라는 새로운 환경 속에서 창업자의 능력을 발휘하고 발전시킬 수 있는 창업분야로 각광을 받고 있는 실정이다.

또한 창업아이템에 따라 자금으로 인한 사업기회의 상실 없이 처음 계획하였던 목적을 달성하게 한다. 예를 들어, 제휴 마케팅(affiliate marketing)과 같은 분야에서는 무자본으로 창업이 가능하며, 오픈마켓(open market) 창업 역시 몇 만원에서 몇 십 만원으로도 충분히 창업이 가능하다. 한편, 인터넷을 이용한 창업은 크게 두 가지로 나누어진다.

① 순수하게 인터넷에만 존재하는 가상기업(cyber corporation, 순수 가상기업)

② 기존의 회사를 인터넷의 영역 속으로 확장한 가상기업(확장된 가상기업)

국내에서 벤처의 붐이 시작되었을 때에만 해도 첫 번째 형태의 가상기업이 많이 출현하였으나, 그 이후에는 두 번째 형태의 가상기업들이 크게 증가하고 있다고 할 수 있다. 또한 향후에는 온라인(on-line)에서만 존재하는 기업보다는 온라인과 오프라인을 결합하고 융합하는 형태의 기업들이 많이 나타날 것으로 예상되고 있다.

1.2 인터넷창업의 의미

한국에서는 1997년 11월에 IMF(International Monetary Fund, 국제통화기금)로부터 구제금융을 받은 이후 인터넷창업에 대한 관심이 폭발적으로 늘어났는데, 산업사회에서의 창업이라는 의미의 뿌리를 송두리째 흔들었다고 할 수 있다. 이러한 측면에서 인터넷창업은 기존의 창업형태와는 달리 다음과 같은 의미가 있다고 할 수 있다.

① 기존 사업의 발전을 위하여 컴퓨터와 인터넷을 이용하여 새로운 사업을 만드는 것으로서, 인터넷을 이용하여 관리하고 마케팅을 담당할 수 있는 사업을 의미한다. 예를 들어, 기존 업체에서 인터넷 사이트를 운영하는 경우라고 할 수 있다.

② 인터넷을 이용하는 네티즌의 니즈(needs)를 충족시킬 수 있는 새로운 사업을 만들어 가는 것인데, 다음(Daum) 및 네이버(Naver) 등의 포털(portal) 사이트들이 그 예이다.

③ 네티즌들의 잠재적 니즈를 이끌어 낼 수 있는 사업체를 만드는 것이다. 예를 들어, 네트워크 게임 및 소프트웨어 전문기업들이 그 예이다.

④ 인터넷을 이용하여 새로운 차원의 사업을 준비하는 것을 말한다.

위에서 언급한 사항들을 종합해 보면 인터넷을 이용한 창업이란 결국 창업자가 새로운 기술과 차별적인 아이디어를 가지고 자금을 동원하여 차별화된 상품과 서비스를 생산하고 판매하는 것을 의미한다. 그와 동시에 인터넷과 관련된 새로운 정보통신의 수단을 통해서 소비자의 수요 충족 및 창출을 위해 행해지는 이윤 추구행위 모두를 가리킨다.

1.3 인터넷을 이용한 창업의 필요성

인터넷을 활용하여 삶의 질을 보다 향상시킬 수 있다. 사람들의 궁극적인 목적의 하나가 삶의 질을 향상시키는 일이라고 한다면, 왜 인터넷을 이용한 창업이 필요한지를 자연스럽게 알 수 있다. 인터넷을 이용한 창업은 인터넷 자체를 창업의 핵심수단 혹은 전략적 도구로서 사용하는 것이다.

① 인터넷은 새로운 사업 기회를 제공하고 있는 미지의 신대륙이다. 인터넷을 이용한 상거래 자체가 미개척 분야로서 지금까지 개발된 분야보다 앞으로 개발되어야 할 분야가 너무나 많다고 할 수 있다.

② 새로운 사고방식과 아이디어가 사업성을 갖는다. 인터넷의 상업적 활용이 장기적인 측면에서 혁신적인 일로 인정된 이후부터 인터넷 상거래시장은 사람들의 관심과 더불어 점차 그 규모를 확대시키고 있다. 최근 인터넷 시장조사 분석업체인 이마케터 조사 결과를 보면, 2012년도 글로벌 전자상거래의 시장 규모가 최초로 1조 달러를 넘어섰으며 전년 대비 21.1% 증가했으며, 2013년도 글로벌 전자상거래 시장 규모는 1조 3천억 달러로 18.3% 성장할 것이라고 예측하고 있다(ZDNet Korea, 2013. 2. 6).

③ 기존 사업과 비교하여 창업비용과 마케팅비용을 획기적으

로 줄일 수 있다. 창업자금이 많이 들어 갈수록 비용에 대한 리스크(risk)가 증가하는데, 인터넷창업은 소자본으로도 창업이 가능하다는 장점이 있다.

인터넷을 이용한 창업의 가장 큰 장점은 자신의 노력 여하에 따라 잠재 고객이 너무도 많다는 점이다. 요즈음은 온라인상에 무료로 수십 개의 사이트도 개설하여 운영할 수 있는데, 이로 인해 홍보효과가 매우 크다는 것이다. 1차 도메인으로 사이트를 개설할 수도 있고, 카페(cafe)와 블로그(blog)를 이용하여 다양한 사이트를 운영할 수도 있다. 또한 온라인(on-line)에서 활동하는 네티즌들이 폭발적으로 늘어나면서 수많은 사이트가 매일 개설되고 있는 실정이다.

2 인터넷창업의 특징과 구성요소

2.1 인터넷창업의 특징

오프라인에서 이루어지는 기존 창업과는 달리 인터넷이라는 온라인상에서 이루어지는 인터넷창업은 오프라인 창업과는 확실히 차별되는 몇 가지 특징이 있다.

(가) 무한한 시장 가능성

국내 및 세계의 고객들을 대상으로 비즈니스를 할 수 있다는 장점이 있다. 또한 사이버 공간에서 다양한 시장의 개척이 가능하다.

(나) 인터넷창업에 관심이 있는 사람이면 누구에게나 개방

컴퓨터, 디지털카메라 등 최소한의 장비만 있으면 누구나 인터넷창업의 길은 열려 있다. 즉, 컴퓨터 1대만 있으면 누구나 시작

할 수 있는 것이 인터넷창업이라고 할 수 있다.

(다) 부가가치 창출의 용이

한 분야에서 성공을 하면 다른 사업에도 쉽게 뛰어들 수 있다. 예를 들어, 인기가 있는 사이트는 여러 가지의 부가사업을 진행하면서 많은 수익을 확보할 수 있다. 즉, 인터넷이라는 공간에서는 일단 많은 회원을 확보하고 있는 경우에 다양한 수익모델(business model: BM)을 만들 수 있다는 것이다.

(라) 선점의 중요성

누가 빨리 시장에 뛰어들어서 고객을 선점하는가 하는 것이 매우 중요하다. 예를 들어, 다음(www.daum.net)은 무료 메일 계정을 제공함으로써 현재까지도 고객의 충성도가 매우 높은 사이트로 남아 있고, 옥션(www.auction.co.kr)도 경매시장을 선점함으로써 현재 오픈마켓시장에서 절대강자의 자리를 차지하고 있다.

(마) 누구나 인생역전을 이룰 수 있음

인터넷을 효과적으로 활용함으로써 돈이 없어도, 권력이 없어도, 명예가 없어도 인생역전을 이룰 수 있다. 인생역전은 로또, 주식 등으로 인생역전을 하려고 하지 말고, 인터넷 기술에 자신의 아이디어를 접목시키면 되는 것이다.

(바) 기술보다는 아이디어가 중요

인터넷창업에서는 누가 좋은 기술을 개발하느냐 하는 것보다는 어떤 참신한 아이디어로 창업을 하는가 하는 것이 더 중요하다. 새로운 기술을 개발하기보다는 기존에 개발된 기술을 어떻게 활용할 것인가에 초점을 맞추는 것이 더 중요하다고 할 수 있다.

2.2 인터넷창업의 구성요소

인터넷창업을 하려고 할 때에 필요한 최소한의 구성요소는 다음과 같다.

(가) 인적 요소

파트너(partner)와 함께 일할 사람(people)이 있어야 하는데, 좋은 협력자와 공존해야만 인터넷 세계에서 살아남을 수 있다.

(나) 기술적인 요소

자체 혹은 아웃소싱(outsourcing)을 통해서 창업에 필요한 기술을 확보해야 한다.

(다) 상품

고객에게 판매할 상품이 필요한데, 고객에게 무엇을 팔 것인가를 생각해야 한다. 유형 혹은 무형의 상품으로 세분하여 생각할 수가 있는데, 지식 및 교육상품의 판매도 생각해 볼 수 있다.

(라) 자금동원

무점포 및 재택형태로 진행하는 인터넷창업의 경우에는 초기에 큰 자금이 소요되지 않지만, 창업규모가 커짐에 따라 지속적인 자금의 유입이 있어야 한다. 이에 따라 지속적 성장을 위한 자금을 어떻게 조달할 것인가에 대한 준비도 해야 한다.

(마) 온라인 사이트

웹사이트를 제작할 수도 있고, 무료로 제공하는 카페(cafe) 혹은 블로그(blog)를 개설할 수도 있다. 요즈음은 적어도 한 개 이상의 사이트를 운영하는 창업자들이 많은데, 그만큼 홍보효과가 크다는 장점이 있다.

위에서 언급한 요소 외에 한 가지 더 언급한다면 끈기 혹은 성실함이라고 할 수 있다. 사실, 인터넷창업은 단기적인 성과보다는 장기적인 성과를 노리는 것이 중요한데, 초심을 잃지 않고 끈기를 갖고 꾸준히 노력하는 것이 무엇보다 중요하다.

3 인터넷창업의 고려사항과 성공전략

3.1 인터넷창업의 고려사항

인터넷창업을 하려고 할 때에 고려해야 할 점들로 다음과 같은 사항들을 들 수 있다.

(가) 창업할 분야의 비전과 중요성

장기적인 면에서 자신이 창업할 분야의 비전(vision)과 장래의 성장성을 염두에 두고 창업을 해야 한다. 특히 창업하고자 하는 분야가 지속적으로 성장할 것인가를 점검해야 하며, 아울러 고객의 증가추세 또한 분석해야 한다.

(나) 창업회사의 규모

개인회사 혹은 법인으로 할 것인가를 고려해야 하며, 자금은 얼마나 필요한지도 분석해야 한다.

(다) 기술개발력

아이디어가 상품이나 서비스로 제공될 수 있는 기술력이 필요한데, 자체 기술력이 부족한 경우에는 외부에서 기술을 도입할 수 있는지도 미리 확인해야 한다.

(라) 마케팅 방법 및 능력

인터넷마케팅에 대한 전문적인 지식이 필요하며, 온라인 및 오프라인 마케팅에 대한 실무지식이 요구된다. 특히 홍보와 광고에 대한 전문적인 실무능력이 필수적으로 요구된다.

(마) 관리 및 운영 능력

경영자로서 기업에 대한 관리 및 운영 능력이 필요하다.

(바) 고객지향적 사고

고객에 대한 서비스를 고려해야 하고, 고객감동의 경영이 필요하다.

하지만, 아직도 많은 예비창업자들은 인터넷창업을 너무 쉽게 생각하고, 쉽게 뛰어드는 경향이 있다. 이에 따라 인터넷창업을 할 때에는 아래의 사항들을 주의해야 한다.

① 무한한 가능성만을 믿지 말아야 한다.

② 창업할 아이템의 선정에 유의해야 한다.

③ 경쟁업체가 적은 아이템을 선택하는 것이 좋다.

④ 대기업과의 경쟁은 최대한 피하는 것이 좋다.

⑤ 막대한 자금이 소요되는 분야에 대한 투자는 신중을 기하는 것이 좋다.

⑥ 시대의 흐름(trend)을 잘 파악해야 한다.

⑦ 혼자서 인터넷을 이용한 창업을 모두 감당하기는 쉽지 않다. 그렇기 때문에 뜻을 같이 하는 파트너를 찾아서 상호협력을 하는 것이 시너지 효과를 얻을 수 있다.

⑧ 외부 자금에 너무 의존하지 않는 것이 좋다.

⑨ 단기적인 효과를 기대하지 말아야 한다.

⑩ 모든 네티즌들이 자신의 사이트를 좋아할 것이라는 기대를 가지지 말아야 한다. 그렇기 때문에 사이트의 성격에 맞는 목표고객을 선정하고, 창업자의 웹사이트를 고정적으로 방문할 수 있는 고객층을 점차 확대시키는 것이 필요하다.

예를 들어, 많은 예비창업자들이 선호하는 창업아이템 중의 하나가 바로 인터넷쇼핑몰 창업인데, 아직도 막연한 기대만 가지고 뛰어드는 예비창업자들이 너무 많다는 것이다. 실제로 저자가 2006년 4월부터 5월까지 총 500명의 대학생들을 대상으로 인터넷쇼핑몰의 이용실태를 조사한 결과를 보면, 대학생들의 87.3%가 인터넷쇼핑몰을 이용해 본 경험이 있는 것으로 조사되었는데,

2003년 9월 조사에서의 72.3%, 2005년 3월 조사에서의 82.5%와 비교해 보면, 대학생들의 인터넷쇼핑몰 이용은 상당히 증가하고 있는 것으로 조사되었다.

하지만, 대학생들의 84.2%는 대기업이 운영하는 종합쇼핑몰을 이용하고 있는 것으로 조사되었는데, 2005년 3월의 79.1%에 비하여 5.1%가 증가된 것으로 나타났다. 즉, 인터넷쇼핑몰을 이용한 구매는 날로 늘어나고 있지만, 대기업이 운영하는 종합쇼핑몰로 집중화되는 경향이 높게 나타나고 있다는 것이다. 그로 인해서 개인이 소호(SOHO) 형태로 창업하는 인터넷쇼핑몰의 매출이 날로 떨어지고 있는 실정이다.

최근에는 오픈마켓(open market)에 대한 열풍이 불면서 개인 창업자들의 인터넷쇼핑몰이 더욱 더 위축되고 있다. 그렇기 때문에 막연히 인터넷쇼핑몰 창업을 하겠다고 생각해서는 곤란하며, 어디에서 무엇을 어떻게 판매할 것인가에 대한 체계적인 조사와 분석이 선행되어야 할 것이다. 여기에서 "어디에서, 무엇을, 어떻게"의 3단어는 창업자들이 창업과 관련된 업무를 수행할 때마다 항상 염두에 두어야 한다.

① 어디에서(where): 장소의 개념

② 무엇을(what): 아이템 혹은 서비스의 개념

③ 어떻게(how): 방법론적인 개념

3.2 인터넷창업의 성공전략

인터넷창업에서 성공하기 위해서는 다음과 같은 전략들이 필요한데, 초창기 인터넷창업의 시기와 비교해 보면 많은 변화와 발전이 있다고 할 수 있다. 따라서 다음에 제시하는 성공전략 역시 창업아이템과 창업 시점에 따라 조금씩 변화되어야 할 것으로 판단된다.

(가) 정확한 시장 예측(prediction)

향후에는 모두가 네티즌(netizen)이 될 것이다. 그렇기 때문에 일반적인 사람들을 위해서 무엇이 필요한가를 정확하게 예측하고 미리 준비한다면 충분한 시장성을 가지게 될 것이다.

(나) 창의력(creative idea)

조금 더 생각해서 고객이 불편해 하는 것을 편리하게 만드는 창의력을 가져야 성공할 수 있다.

(다) 확실한 아이템을 선정

고객을 창조하고 고객을 유지하는 끊임없는 마케팅 전략이 필요한데, 인터넷창업을 위한 아이템을 선정하기 위해서는 국내 혹은 해외 도매시장을 자주 방문해 보는 것이 좋다. 국내 도매시장에는 동대문, 남대문, 그리고 화곡동 도매시장이 있으며, 해외 도매시장은 중국의 이우시장 및 일본의 오사카 도매시장이 있다.

이러한 도매시장에 대한 자세한 정보는 창업길라잡이(cafe.daum.net/isoho2jobs)의 [도매시장◇자료◇양식] 게시판에서 확인할 수 있다.

(라) 고객의 확보

고객과 긴밀한 관계를 맺는 것이 곧 성공의 조건이 될 수 있는데, 단순히 상품만을 판매한다는 생각보다는 고객에 대해 최상의 서비스를 판매한다고 생각하는 것이 더 좋을 것이다. 고객을 편리하게 만들어 주는 서비스, 고객을 행복하게 만들어주는 서비스, 고객의 불편함을 덜어주는 서비스를 판매해야 한다는 것이다.

(마) 공동체 의식의 형성

고객에게 공동체 의식을 심어준다. 즉, 고객들이 서로 통한다는 연대감을 만들어 내는 것이 필요하다. 나는 판매자이고, 당신은 내 상품을 구매하는 소비자라는 생각보다는 가족과도 같은 공동체 의식을 형성하는 웹사이트로 발전시켜야 한다. 예를 들어, 커뮤니티 형태의 사이트가 좋은데, 카페(cafe)를 창업기업의 대표사이트로 활용하는 것도 생각할 수 있다.

(바) PR의 중요성

PR(Public Relations)을 이용한 홍보를 통해 브랜드 이미지를 심어주어야 하는데, 단순히 상품의 판매 외에 공익적인 사업에도 관심을 가지는 것이 좋다. 요즈음 많은 기업들이 다양한 복지사업에 뛰어들고 있는데, 결국은 회사 및 브랜드 인지도를 높이는 전략의 하나로 볼 수 있다.

(사) 창업아이템과 판매상품의 연계를 고려

창업아이템으로 인터넷쇼핑몰이 선정되었다면, 구체적으로 어떤 상품을 판매할 것인가를 결정해야 한다. 예를 들어, 저자가 2006년 4월부터 5월까지 총 500명의 대학생들을 대상으로 인터넷쇼핑몰의 이용실태를 조사한 결과를 보면, 2005년 3월의 조사(57%)에서와 같이 대학생들의 57.7%가 의류/패션/잡화, 도서/음반, 화장품/미용제품의 세 종류의 품목을 집중 구매하고 있는 것으로 조사되었다. 즉, 목표(target)로 하는 고객층이 인터넷쇼핑몰에서 많이 구매하는 아이템으로 창업을 하는 것이 좋다는 것이다. 물론 주부 혹은 남성 직장인을 대상으로 하는 경우에는 인터넷쇼핑몰에서 구매하는 상품이 다를 수 있을 것이기 때문에, 사전 면담 및 설문조사 등이 필요할 것이다.

(아) 판매경험의 중요성

추가적으로 주목할 것은 바로 e-마켓플레이스(e-Marketplace) 등에서의 판매경험인데, 인터넷쇼핑몰을 개발하거나 호스팅 서비스를 받기 전에 옥션, G마켓 등과 같은 국내 대표적인 e-마켓플레이스에서 실제로 판매를 해 보면서 경험과 노하우를 쌓는 것이 중요하다. 아직도 많은 예비창업자들이 인터넷쇼핑몰, 오픈마켓 등에 대해 막연한 환상만 갖고 시작하는 경향이 많은데, 온라인에서 상품을 판매하는 전자상거래 분야의 창업이 창업을 위한 비용이 저렴한 반면에 기대만큼 판매와 수익이 많지 않다는 점도 생각해야 할 것이다, 이에 따라 옥션, G마켓 등에서 직접 상품을 판매하거나 우수 판매자들이 판매하고 있는 상품들에 대한 분석 및 벤치마킹을 하면서 전자상거래에 대한 경험과 노하우를 쌓는 것이 필요하다.

4 인터넷상거래의 등장과 확산

4.1 인터넷상거래란?

인터넷상거래는 영어로는 Internet Commerce라고 하며, 인터넷을 이용하여 비즈니스를 하는 것을 말한다. 또한 인터넷상거래는 기업 간 또는 기업과 소비자 간의 상거래 활동을 통신 네트워크를 통해 수행하는 것을 말한다. 하지만, 요즈음은 인터넷상거래 혹은 전자상거래를 유사 개념으로 사용하는 경우가 많다. 이러한 인터넷상거래 중에서 많이 거래되는 형태를 살펴보면, 다음과 같이 분류할 수 있다.

① B-to-B (Business to Business)

② B-to-C (Business to Customer)

③ C-to-C (Customer to Customer)

위에서 B-to-B는 기업과 기업 간에 이루어지는 상거래를 말한다. B-to-C는 기업과 소비자 간의 상거래인데, 전통적인 인터넷 쇼핑몰이 바로 B-to-C라고 할 수 있다. C-to-C는 소비자와 소비자 간의 상거래인데, 최근 인기를 끌고 있는 옥션, G마켓, 11번가, 인터파크 등과 같은 경매 사이트를 말한다. 해외 C-to-C 사이트로는 이베이(www.ebay.com)와 중국의 대표적인 오픈마켓인 타오바오(www.taobao.com)가 있다(한국경제, 2011. 10. 20).

한편, 강현순(2006)은 가장 일반적으로 이루어지고 있는 인터넷비즈니스의 유형으로서 B-to-C(기업과 소비자 간의 전자상거래), C-to-C(소비자간 직거래), 그리고 마켓플레이스(Market place)의 세 가지를 들고 있다. 먼저, B-to-C(기업과 소비자 간의 전자상거래)는 인터넷쇼핑몰이나 전자결제를 통해서 개인 소비자와 거래를 행하는 것으로, 인터넷을 이용한 B-to-C 상거래는 기업이 고객에 대한 정보를 실시간으로 수집할 수 있으면서 고객취향을 즉시 알아내 고객서비스 개선과 인터넷쇼핑몰에서 고객별 차별화된 서비스를 제공함으로써 판매를 촉진시킬 수 있다.

C-to-C(소비자간 직거래)는 경매 사이트나 누구나 손쉽게 판매자로 등록할 수 있는 오픈마켓(중개몰), 개인블로그(blog), 각종 인터넷사이트의 게시판을 통해 소비자들간에 물건을 사고파는 행위 등을 총칭한다. 또한 마켓플레이스(Market place)는 가상공간

에 존재하는 시장이라고 생각하면 된다. 실제 시장과 비교해 시간과 공간의 제약을 받지 않고, 판매자와 구매자가 같은 시간에 같은 자리에 모이지 않고도 거래를 할 수 있다는 장점이 있으며, 거래비용도 크게 절감돼 미래형 경제 패러다임으로 주목받고 있다. 대표적인 마켓플레이스(Market place) 운영업체로는 옥션(www.auction.co.kr), G마켓(www.gmarket.co.kr) 등이 있다.

4.2 인터넷상거래의 확산 배경

한국에서는 1998년의 외환위기 이후 인터넷상거래가 급속하게 확산되었다. 소위 벤처붐을 타고 많은 닷컴 기업들이 설립되었으며, 이에 따라 매일 신규 인터넷사이트들이 쏟아져 나오고 있는 실정이다. 아울러 국내에서 인터넷상거래가 급속하게 확산되게 된 배경을 살펴보면 다음과 같이 설명될 수 있다.

① 개방형 네트워크인 인터넷의 활용이 폭발적으로 확산되었다.

② 멀티미디어와 통신기술 등 정보기술(IT, Information Technology)이 급속하게 발전되었다.

③ 다양한 형태의 정보기술이 개발되어 생활에서도 많이 활용되고 있다.

④ 전자결제를 위한 기술이 발전되었다.

⑤ 유료화가 확산되었다. 초창기 대부분의 인터넷은 무료로 운영되었으나, 회원제의 도입확산에 이어 콘텐츠에 대한 유료화로 발전되었다고 할 수 있다.

⑥ 애플(Apple Inc.)이 2007년 6월에 '아이폰'으로 혁신을 만들며 스마트폰 바람을 일으키면서(이투데이, 2013. 2. 4), 스마트폰으로 인터넷을 사용할 수 있게 되었다. 이로 인하여 스마트폰을 활용한 인터넷상거래 역시 더욱 확산되었다.

4.3 인터넷상거래의 특징

인터넷상거래의 특징은 다음과 같이 설명될 수 있는데, 이러한 특징들로 인해서 인터넷을 이용한 전자상거래가 급속하게 성장하는 데 크게 기여하였다고 할 수 있다. 아울러, 예비창업자들도 소자본으로 그리고 별도의 점포 없이 전자상거래 창업을 할 수 있게 되었다.

(가) 짧은 유통 채널

인터넷이라는 네트워크를 통해 공급자와 구매자를 직접 연결하게 되었다. 그렇기 때문에 상거래가 신속하게 이루어질 수 있고, 상대적으로 거래비용이 감소하여 제품의 가격을 낮출 수 있게 되었다. 요즈음은 해외에 있는 제조공장과도 직접 연결하여 상품을 공급받을 수 있을 정도로 유통 채널이 짧아졌다고 할 수 있다.

(나) 시간과 공간의 벽이 사라짐

인터넷이라는 사이버 공간에 상점을 개설할 수 있기 때문에 고객은 시간과 공간을 초월하여 상거래를 할 수 있다는 장점이 있다. 하지만, 상점 운영자의 입장에서 보면 여간 힘든 일이 아니다. 고객의 주문과 서비스 요청에 24시간 응해야 하며, 휴가를 간다고 해서 인터넷상거래를 하지 않을 수도 없는 것이다.

(다) 판매 거점이 불필요

수천만원의 권리금 및 보증금에다 월세까지 내야 하는 점포를 확보할 필요가 없다는 것이다. 이로 인해서 거동이 불편한 장애인이라 할지라도 재택 형태로 창업이 가능하게 되었다. 또한 온라인에 워낙 많은 사이트들이 개설되어 있는데, 약간의 상품등록비만 납부하면 수십 개에서 수백 개의 사이트에도 상품을 등록시켜 판매할 수 있는 장점이 있다.

(라) 고객정보 획득이 용이

마케팅 및 거래과정에서 확보된 고객 정보를 별도의 가공 없이 바로 데이터베이스(database)에 저장하여 마케팅 활동에 활용할 수 있다. 그렇기 때문에 사이트를 개발하는 시점에서부터 고객정보의 데이터베이스화 및 활용방안에 대한 전략의 수립이 매우 중요하다고 할 수 있다.

(마) 효율적인 마케팅

특정 고객을 대상으로 1대1로 인터액티브(interactive)한 마케팅이 가능하다. 즉, 무수한 대중을 대상으로 하는 마케팅이 아니라 개별 고객을 위한 맞춤 마케팅이 가능하며, 이로 인해 고객의 만족도를 높일 수 있다. 요즈음의 소비자는 자신만의 특별한 상품과 서비스를 원하는 경향이 있는데, 인터넷창업은 이러한 고객의 요구를 충분히 충족시켜 줄 수 있는 특징이 있다.

(바) 고객 요구에 동적이며, 즉각적인 대응

인터넷을 이용한 실시간 서비스가 가능하다. 기존 회사에서는 직원들이 출근하는 시간에 맞추어서 서비스가 가능하지만, 인터넷상거래에서는 시간과 공간을 초월하여 신속한 서비스가 가능하다.

(사) 소액 자본으로 사업 전개

요즈음 인터넷상거래는 거의 자본을 들이지 않고도 충분히 가능하다. 예를 들어, 오픈마켓(open market)에서의 창업, 창업자가 직접 만들어서 판매하는 수공예 분야 등 누구나 소액으로 창업이 가능하다는 장점이 있다.

4.4 인터넷상거래의 규모 및 창업자의 고려사항

국내뿐만 아니라 전 세계 인터넷상거래의 규모는 매년 크게 증가하고 있는 실정인데, 일반적으로 인터넷상거래의 규모를 측정할 수 있는 변수는 다음과 같다.

① 등록된 도메인의 수

② 운영 중인 사이트의 수

③ 거래금액의 규모

④ 사업자등록자의 수

⑤ 기타

먼저, 인터넷 기반시설 서비스제공업체인 베리사인(VeriSign, Inc. NASDAQ:VRSN)이 출간한 도메인 이름 업계 브리핑(Domain Name Industry Brief) 최신호에 따르면 2012년 1분기에 7백만개 이상의 도메인 이름이 인터넷에 추가로 등록되어 전 세계 전체 도메인 영역에서 등록 도메인의 수가 총 2억 3,300만개 이상으로 증가한 것으로 조사되었다(아크로팬, 2012. 8. 3). www로 시작되는 일차 도메인뿐만 아니라 블로그와 카페의 2차 도메인까지 포함한다면 그 수는 엄청나다고 할 수 있다. 그렇기 때문에 향후의 사회는 현재 대부분의 사람들이 휴대폰을 갖고 있듯이 누구나 이메일 주소와 자신의 웹사이트를 갖고 있는 시대가 될 것이다.

한편, 한국인터넷진흥원에 따르면 1996년 국내 인터넷 이용자 수는 731만명으로, 당시 전체 인터넷 이용 인구보다도 현재 인터파크 회원 수가 많은 셈이다. 현재 국내 인터넷 이용자 수는 약 3,300만명으로 이 중 51.2%가 인터넷쇼핑몰을 이용해 본 것으로 나타났다. 인터넷쇼핑몰 개장 첫해, 연간 수억원 수준이었던 시장 규모는 지난해 약 10조 4,000억원을 기록했다. 현재 인터넷쇼핑몰은 전체 소매업에서 차지하는 비중이 약 15% 수준으로, 규모 면에서 할인점, 백화점에 이은 3대 유통 채널로 자리매김을 했다(주간조선, 2006. 6. 13). 향후 인터넷상거래의 규모는 지금보다 훨씬 더 성장하게 될 것으로 전망된다.

이 외에도 다양한 방법으로 인터넷상거래의 규모를 살펴볼 수 있는데, 사업자등록자의 수만 해도 크게 증가하고 있는 것으로 조사되고 있다. 요즈음은 청소년들도 인터넷창업에 뛰어들고 있으며, 전업주부들도 취업의 어려움으로 인해 창업전선에 나서고 있는 실정이다.

창업자의 입장에서 인터넷상거래의 규모가 커진다는 것은 시장 자체가 확대된다는 의미 외에도 경쟁이 더 치열해진다는 의미로 생각하는 것이 필요하다. 그렇기 때문에 창업자는 시장의 흐름(trend)이 어떻게 변하고 있는가도 추적하고 관리할 수 있어야 성공적인 창업이 가능하게 될 것이다. 즉, 시장의 흐름을 잘 읽을 수 있어야 한다는 의미인데, 특히 창업하고자 하는 분야에서의 창업트렌드에 대해 집중적으로 조사하고 분석하는 것이 필요하다.

4.5 인터넷상거래의 절차

인터넷상거래는 그 유형도 다양하지만 전자상거래의 표준 절차를 그대로 따르거나 일반적으로 약간 변형된 형태로 운영되고 있다고 할 수 있다. 인터넷상거래의 절차는 다음과 같은데, 이러한 절차를 가장 체계적으로 준수하는 인터넷상거래가 바로 인터넷쇼핑몰 혹은 전자상거래라고 할 수 있다.

(가) 상품검색 단계

고객은 상품검색 기능을 통해서 본인이 구입하고자 하는 상품을 찾아본다. 일반적으로 인터넷쇼핑몰의 경우에는 상품의 수가 적어도 몇 백 개가 넘기 때문에 고급의 검색기능이 필요하다.

(나) 거래요청 단계

대부분의 인터넷쇼핑몰은 회원가입을 해야 거래를 할 수 있도록 되어 있으며, 회원가입을 해 두는 것이 포인트 적립, 무료쿠폰 수령 등을 위해서 유리하다. 따라서 회원가입 후에 원하는 상품을 선택하고 주문을 함으로써 거래를 요청하게 된다.

(다) 거래인증 요청 단계

거래요청을 받은 인터넷쇼핑몰 운영자는 인증기관(CA, certificate authority)에 거래 요구자가 본인이며 믿을 만한지에 대해 확인요청을 한다. 여기에서 인증기관은 보안 적격 여부 및 메시지 암호화를 위한 공개키의 발급과 관리를 담당하는 네트워크상의 기관인데(네이버 용어사전, terms.naver.com), 인증기관은 사용자들에게 인증서를 발급한다(네이버 지식백과, terms.naver.com). 인증을 통해서 거래의 신뢰를 확보하기 위해 인증서 소지자의 신원을 증명하는 것이 가장 큰 역할이며, 그 밖에도 인증서의 폐기, 갱신, 교체 등 인증과 관련된 전반적인 일을 하고 있다. 현재 한국에는 다음과 같은 인증기관들이 있다.

① 한국정보인증(www.signgate.com)
② 한국전자인증(www.crosscert.com)
③ 한국증권전산(www.signkorea.com)
④ 전자서명 인증관리센터(www.rootca.or.kr)
⑤ 금융결제원 전자인증센터(www.yessign.or.kr)
⑥ 한국무역정보통신(www.tradesign.net)

(라) 거래인증 단계

인증기관은 거래요청을 한 당사자의 신원 등을 조사한 후, 거래 당사자의 신원 등이 확실한 경우 인터넷쇼핑몰 운영자에게 거래인증을 허락한다.

(마) 거래승낙 단계

인증기관으로부터 거래 당사자에 대한 인증을 받은 운영자는 거래 요청에 대한 승낙을 하게 된다.

(바) 대금지불요청 단계

인터넷쇼핑몰 운영자는 거래 당사자에게 구입하려는 상품에 대한 대금지불을 요청한다.

(사) 대금지불 단계

거래 당사자는 대금을 지불하게 된다. 무통장 입금, 신용카드 결제, 휴대폰 결제 등을 많이 사용한다.

(아) 배달 단계

거래 당사자가 구매한 상품을 배달하는데, 한국에서는 택배시스템이 잘 구축되어 있다. 인터넷상거래로 인해 가장 돈을 많은 번 사람이 누구인가라는 질문에 대부분의 사람들은 택배회사를 꼽을 정도이다. 현재 한국의 주요 택배회사들은 다음과 같다.

① 우체국택배(service.epost.go.kr)

② 현대택배(www.hyundaiexpress.com)

③ 로젠택배(www.ilogen.com)

④ KGB택배(www.kgbls.co.kr)

⑤ 삼성택배 HTH(www.samsunghth.co.kr)

5 인터넷산업의 분류

인터넷창업을 하기 전에 먼저 알아야 하는 것이 인터넷산업의 분류하고 할 수 있는데, 전체 인터넷산업이 어떻게 구성되어 있는가를 파악하고 난 후에 세부적인 창업업종 혹은 창업아이템을 선정하는 것이 바람직할 것이다. 즉, 인터넷산업의 분류를 살펴보면서 인터넷으로 할 수 있는 일이 어디에서 어디까지인가를 종합적으로 파악하는 것이 중요하다는 것이다.

5.1 인터넷 1차 산업

1차 산업은 하드웨어 하부구조 구축사업으로 서버(server), LAN 등 통신네트워크를 형성하기 위해 기본적으로 요구되는 통신설비를 구축하는 사업인데, 규모가 매우 큰 사업으로 초기 투자비용이 막대하게 요구된다.

5.2 인터넷 2차 산업

인터넷 2차 산업은 아래와 같이 4가지로 구분할 수 있다.

(가) 접속서비스 사업

개인이나 기관에 인터넷 서비스를 제공하는 사업영역이며, 이들을 ISP라 불리고 있다. ISP(Internet Service Provider)는 개인이나 회사들에게 인터넷 접속서비스, 웹사이트 구축 및 웹 호스팅 서비스 등을 제공하는 회사들을 말한다. 이를 위하여 ISP는 인터넷 접속에 필요한 장비와 통신회선을 갖추고 있으며, 대형 ISP들은 전화망 사업자에 비교적 덜 의존적이면서도 자신들의 고객들에게 좀 더 나은 서비스를 제공하기 위해 자신들만의 고속 전용회선을 갖추기도 한다. 현재 국내에는 KT, SKT, LG유플러스 등이 있다(동아일보, 2011. 9. 23).

(나) 소프트웨어 하부구조 사업

웹 브라우저(browser) 사업영역을 말한다. 인터넷 관련기술 중 웹 브라우저는 기술개발의 속도가 매우 빠른 분야인데, JAVA, Java Script, Dynamic HTML, VRML 등은 모두 이 분야에 관련된 기술들이다.

(다) 정보서비스 하부구조 사업

정보검색 서비스를 제공하는 사업영역을 말한다.

(라) 웹 서버 구축 및 웹사이트 제작 사업

웹 서버 구축이나 웹사이트 제작을 도와주는 사업영역을 말한다.

5.3 인터넷 3차 산업

콘텐츠 비즈니스(contents business) 분야를 말하며, 구체적으로는 뉴스(정치, 경제, 사회, 문화, 스포츠 등), 전자출판(백과사전, 어학, 사전, 전자잡지, e북 등), 게임(가상현실, 시뮬레이션 등), 오락(음악, 영화, 연극 등), 교육(육아, 아동, 어학 등) 및 전자상거래 관련 분야(전자카탈로그, 상품판매 등)가 있다.

한편, (사)벤처기업협회(www.venture.or.kr)에서는 인터넷산업을 아래의 3가지로 분류하고 있다. 이러한 인터넷산업의 분류를 살펴보면서, 인터넷창업을 준비하고 있는 예비창업자들은 어느 분야 혹은 어떤 아이템으로 창업을 할 것인가를 결정해야 한다.

(가) 기반산업

인터넷의 활용 또는 사용에 필요한 물적재화 제조 또는 서비스를 제공하는 사업이며, 4가지로 세분할 수 있다.

① 인터넷장비 제조업

② 패키지소프트웨어 개발 · 공급업

③ 네트워크설비 임대 · 운영대행업

④ 기타 기반업

(나) 지원산업

인터넷 사업을 효과적으로 수행할 수 있도록 기술 및 사업관련 서비스를 제공하는 사업이며, 3가지로 세분된다.

① 시스템구축 및 솔루션 제공업

② 컨설팅 및 사업서비스업

③ 기타 지원업

(다) 활용산업

수익을 창출하기 위하여 인터넷을 활용 또는 사용하는 사업이며, 4가지로 세분할 수 있다.

① 응용 서비스

② 콘텐츠 제공업

③ 인터넷 거래업

④ 기타 활용업

6 인터넷창업의 유형

인터넷창업은 그 유형이 다양하고 점차 복잡화되어 가고 있으며, 또한 여러 분야의 기술 및 아이디어를 접목하여 퓨전화되어 가고 있다. 인터넷창업은 인터넷관련 기술의 발달과 더불어 다양화 및 융합화되고 있는데, 주요 인터넷창업의 종류는 다음과 같다.

6.1 인터넷쇼핑몰

(1) 인터넷쇼핑몰의 장점

인터넷쇼핑몰은 소비자, 기업, 그리고 사회 측면에서 여러 장점들이 있으며, 예비창업자들이 가장 먼저 생각하는 창업아이템이다.

(가) 소비자 측면에서의 장점

필요한 상품을 쉽고 빠르게 구매할 수 있으며, 365일 24시간 쇼핑이 가능하고, 보다 저렴한 가격에 상품을 구매할 수 있다.

(나) 기업 측면에서의 장점

① 기존 제품의 새로운 판매 채널을 구축할 수 있다.

② 시간과 장소의 제약을 초월하여 판매활동이 가능하다.

③ 시장 접근 및 진입이 상대적으로 쉽다.

④ 소비자의 행동을 피드백(feedback)하기 쉽다.

⑤ 세분화된 고객전략 수립을 위한 마케팅의 수단으로 활용할 수 있다.

(다) 사회 측면에서의 장점

① 정보화사회의 진전을 기대할 수 있다.

② 사회구성원들 간의 교류 활성화를 기대할 수 있다.

③ 교통의 혼잡을 상대적으로 줄일 수 있다.

(2) 인터넷쇼핑몰의 구분

인터넷쇼핑몰은 아래와 같이 종합쇼핑몰 및 전문쇼핑몰로 구분할 수 있는데, 개인 창업자는 전문쇼핑몰로 창업을 하면 된다. 종합쇼핑몰은 직원들이 최소 5명 이상이 근무하고 있는 기업에서 가능하다고 생각하면 된다.

(가) 백화점식 대단위 쇼핑몰

백화점과 같이 웹사이트에 가상 건물을 세우거나 각종 제품을 구비하여 고객들을 불러 모으고 있는 것이 대단위 쇼핑몰이다. 종합쇼핑몰이라고도 한다.

(나) 전문쇼핑몰

소수의 전문화된 품목만을 판매하는 쇼핑몰이다. 개인 창업자의 경우에는 종합쇼핑몰보다는 전문 쇼핑몰로 승부를 하는 것이 더 좋다.

(3) 인터넷쇼핑몰 창업의 절차

강현순(2006)은 인터넷쇼핑몰 창업의 절차를 [그림 1-1]과 같이 5단계로 설명하고 있다. 하지만, 인터넷쇼핑몰의 목적과 종류에 따라 그 절차는 조금 달라질 수 있을 것이다. 예를 들어, 개인 고객들을 대상으로 하는 인터넷쇼핑몰인가 아니면 글로벌 고객 혹은 기업들을 대상으로 하는 인터넷쇼핑몰인가에 따라 인터넷쇼핑몰 창업의 절차를 차별되게 접근할 수 있다는 것이다.

(가) 창업 준비단계

창업 준비단계에서는 발품을 많이 팔아서 정보를 수집하는 것이 필요한데, 특히 아이템선정, 시장조사, 상품기획, 상품조달계획의 수립, 사업계획서 작성, 초도물품 구입 등의 업무가 체계적으로 수행되어야 한다.

① 아이템 선정: 요즈음 많은 창업자 중에서는 잘 팔리고 돈이

제1단계 창업 준비	아이템선정, 시장조사, 상품기획, 상품조달계획, 사업계획서 작성, 초도물품 구입
제2단계 쇼핑몰 구축	도메인 등록, 온라인 상점 구축, 상품사진 촬영
제3단계 사업자 신고	사업자등록, 통신판매업 신고, 부가통신판매업 신고
제4단계 운영 준비	결제시스템 결정, 배송(물류) 선택
제5단계 쇼핑몰 오픈	검색엔진 등록, 광고전략 수립

[그림 1-1] 인터넷쇼핑몰 창업의 절차

되는 아이템만 찾으려고 하는 모습을 볼 수 있는데, 목표로 하는 고객대상을 먼저 생각해 보는 것이 좋을 것이다. 내가 누구를 대상으로 인터넷쇼핑몰을 운영할 것인가를 생각해 보고, 그 다음에 그러한 고객들의 소비패턴을 조사하는 방식으로 전개한다면 판매할 아이템을 쉽게 찾을 수 있을 것이다. 그렇게 함으로써 특정 분야에 전문성을 갖출 수 있는 동시에 경쟁력을 확보할 수 있다.

② 시장조사: 시장조사는 온라인과 오프라인에서 동시에 진행

되어야 하며, 앞에서 선정한 아이템이 잘 팔리고 있는지, 향후 전망은 좋은지, 그리고 경쟁 상태는 어떠한지 등에 대해 조사를 한다. 특히 오프라인에서는 상품을 눈으로 직접 확인하면서 잘 팔릴 만한 상품과 전체적인 트렌드를 살펴봐야 한다. 그리고 상품의 유통구조와 상품조달방안에 대해서 파악해 둘 필요가 있다. 이러한 시장조사는 창업 전에 적어도 2~3개월 정도 실시하는 것이 필요하며, 창업 후에도 지속적으로 진행하는 것이 필요하다.

③ 상품기획: 인터넷쇼핑몰에서 판매할 상품의 종류를 결정하고, 어떻게 분류하고 조합할 것인가를 구상한다. 요즈음은 단품만 판매하기보다는 의류와 벨트, 액세서리 등의 세트 상품으로 만들어서 판매하는 경향이 있다.

④ 상품조달계획의 수립: 어떤 상품을 어디에서 얼마나 구매할 것인가를 계획해야 한다. 요즈음 국내 유통시장뿐만 아니라 해외로 나가는 경향이 많은데, 카페 혹은 커뮤니티 활동을 열심히 하게 되면 자연스럽게 배우게 된다. 또한 도매꾹(www.domeggook.com), 베스트켓(www.bestket.com) 등과 같은 온라인 도매시장이 많이 있다.

⑤ 사업계획서 작성: 아무리 적은 자금으로 창업을 한다고 하더라도 사업계획서를 한번도 작성해 보지 않는다면 곤란한 일이다. 특히 예산과 관련된 계획은 반드시 세워봐야 하는데, 그렇게

함으로써 현실성 있는 창업 준비가 가능할 것이다.

⑥ 초도물품 구입: 전체 상품기획에 대한 준비가 끝났으면, 실제로 초도물품을 구매해 보는 것이 필요하다. 그런데, 너무 많이 구매하면 현금유동성에 문제가 생길 수 있고, 팔리지 못한 물건은 모두 재고로 남기 때문에 처음에는 몇 개씩만 구매하는 것이 필요할 것이다.

(나) 쇼핑몰 구축단계

쇼핑몰 구축단계에서는 도메인 등록, 쇼핑몰 운영정책 수립, 쇼핑몰 제작유형 결정, 쇼핑몰 기획, 쇼핑몰 제작, 디자인 의뢰, 상품사진 촬영 등의 업무가 수행되어야 한다.

① 도메인 등록: 아이네임즈(www.i-names.co.kr) 등과 같은 전문사이트에서 구입하면 되는데, 도메인만 보면 무엇을 하는 사이트인지를 알 수 있는 도메인명을 구입하는 것이 좋다.

② 쇼핑몰 운영정책 수립: 회원 및 비회원 구매, 마일리지 제도의 도입, 배송료, 환불 및 교환 등 쇼핑몰 운영과 관련된 다양한 정책을 수립해야 한다. 이 부분에 대해서는 다른 유명 쇼핑몰을 벤치마킹(benchmarking)하면 될 것이다.

③ 쇼핑몰 제작유형 결정: 인터넷쇼핑몰은 직접 개발하는 방법도 있지만 요즈음은 쇼핑몰 호스팅 서비스를 받거나 웹에이전시(web agency)에 의뢰하여 개발하기도 한다. 또한 카페(cafe)의 사진

등록 기능을 이용하여 상품을 등록한 후에 판매하는 방법도 많이 사용하며, 대형쇼핑몰 및 오픈마켓의 입점을 통한 간접적인 방법으로 쇼핑몰을 운영하는 경우도 있다.

④ 쇼핑몰 기획: 쇼핑몰의 카테고리, 상품진열 방법, 광고카피, 메뉴명, 이벤트나 기획전의 위치, 고객지원 안내방식 등 쇼핑몰의 화면에 대해 기획을 해야 한다. 쇼핑몰 기획 역시 현재 성공적으로 운영 중인 쇼핑몰을 자주 접속하여 살펴보는 것이 좋다.

⑤ 쇼핑몰 제작: 호스팅 서비스를 받거나 웹에이전시에 의뢰하여 제작하는 경우에도 제작의 모든 과정에 적극 참여하는 것이 중요하다. 디자인 등과 같은 외형적인 모습보다는 고객관리 및 서비스 등 내부 프로그램의 차별화에 집중하는 것도 필요하다.

⑥ 디자인 의뢰: 로고(logo), 이미지로 제작된 타이틀, 배너, 약도 등 고급 기술의 디자인이 필요한 부분에 대해서는 웹디자이너에게 의뢰하는 것이 좋을 것이다.

⑦ 상품사진 촬영: 처음 인터넷쇼핑몰을 개발할 때에는 전문가에게 의뢰할 수 있지만, 장기적으로 생각한다면 결국 본인이 디지털 카메라와 촬영장비 세트를 구비하여 직접 촬영을 하는 것이 필요할 것이다.

(다) 사업자 신고

인터넷쇼핑몰 창업을 하려면 세무서에서 사업자등록을 하고,

지방자치단체(구청 경제과)에 통신판매업 신고를 한 후에 체신청에 가서 부가통신사업신고(자본금 1억원 이상에만 해당)를 하면 된다. 또한 인터넷쇼핑몰 창업관련 법률에 대해서도 알아야 하는데, 특히 "전자상거래 등에서의 소비자보호에 관한 법률"의 내용을 반드시 숙지해야 한다.

(라) 운영 준비단계

운영 준비단계에서는 결제시스템 선정, 배송회사의 선택, 고객지원준비, 상품등록 등의 업무가 수행되어야 한다.

① 결제시스템 결정: 인터넷쇼핑몰에서 고객의 상품구매에 따른 결제를 하기 위해서는 지불중개업체(PG, Payment Gateway)를 결정해야 하는데, 일반적으로는 인터넷쇼핑몰 호스팅 업체에서 대행해 준다. 랭키닷컴(www.rankey.com)에서 전자결제솔루션을 검색하면 지불중개업체에 대한 정보를 자세히 알 수 있다.

② 배송회사의 선택: 고객이 주문한 상품을 배송하기 위해서는 배송회사를 선택해야 하는데, 랭키닷컴(www.rankey.com)의 택배/물류에서 자세한 정보를 알 수 있다. 상품의 배송을 위한 박스의 구입은 박스전문 쇼핑몰에서 구입하면 되며, 배송료는 택배사와 월 배송건수에 따라 차이가 있다.

③ 고객지원 준비: 온라인으로 거래되는 쇼핑몰이라고 하더라도 고객 상담을 위한 전화 및 상담시간은 필요하며, 아울러 문의

게시판 등 온라인에서의 고객지원을 위한 준비도 필요하다. 요즈음은 상품설명을 위한 동영상을 제공하는 경우도 많고, 전화 외에 화상 상담을 실시하는 회사도 많이 있다.

④ 상품등록: 인터넷쇼핑몰에 상품사진, 가격, 상세설명 등을 등록하게 되는데, 오픈마켓의 경우에는 보통 상품사진을 3개까지만 등록하도록 제한하고 있으며 사진 크기도 제한되어 있다. 또한 인터넷쇼핑몰 창업자들은 옥션, G마켓, 11번가, 이베이 등 국내외의 오픈마켓에도 상품을 등록하여 판매하기 때문에 상품사진의 원본(PSD 파일)을 보관해야 한다.

(마) 쇼핑몰 오픈단계

쇼핑몰 오픈단계에서는 검색엔진 등록, 광고전략 수립 및 진행 등의 업무가 수행된다.

① 검색엔진 등록: 현재 국내에서는 네이버(www.naver.com), 네이트(www.nate.com), 다음(www.daum.net) 등의 검색엔진에 등록하면 되는데, 등록비가 필요하다. 하지만, 프로텔컴(www.protelc.com), 이인벤션(www.einvention.kr) 등과 같은 검색엔진 등록대행 사이트를 활용하면 저렴한 비용으로 적어도 20개 이상의 사이트에 등록을 할 수가 있다.

② 광고전략 수립 및 진행: 인터넷쇼핑몰이 주로 사용하는 광고는 검색엔진의 검색어(키워드) 광고인데, 네이버의 경우에는 파

워링크, 플러스프로, 클릭초이스 등으로 구분하고 있다. 또한 온라인 키워드 광고전문 회사들이 많은데, 오버추어(www.overture.co.kr), 애드게이트(www.adgate.kr) 등이 있다. 초보창업자들의 경우에는 창업초기 단계에서는 이러한 광고전문 회사들을 통하여 키워드 광고를 진행하는 것도 효과를 높이는 데 도움이 된다. 다만, 3~6개월 후에는 창업자가 직접 진행을 하는 것이 비용절감을 위해서도 필요하다.

6.2 자사 제품의 인터넷 판매

자사 제품의 인터넷 판매는 크게 다음과 같이 분류할 수 있다.

(1) 제품 판매

미국의 델컴퓨터(www.dell.com)처럼 고객이 원하는 것을 생산자에게 직접 주문하고, 생산자는 이를 곧바로 배달해준다. 미국의 델컴퓨터는 고객이 회사 홈페이지로 들어와 원하는 PC규격과 값을 써넣으면 그대로 만들어 집으로 배달한다. 재고는 단 한 대도 없다. 델컴퓨터는 이 같은 판매방식으로 PC가격을 30%나 낮추고 매출과 순이익을 50% 이상 늘려 미국 3대 PC업체로 올라설 수 있었다. 이와 같은 방식은 판매망이 부족한 중소기업에게는 매우 유용할 수 있다.

(2) 꽃 판매 서비스

꽃 판매는 모든 배달 상품의 규격화와 통일화가 필요하다는 단점은 있지만, 전국의 꽃집을 연결해서 창업을 할 수 있다는 장점이 있다. 또한 꽃 판매 서비스는 판매대행 창업으로도 인기가 있는데, 행복한 플라워(www.hanflower.biz)에서는 무료 쇼핑몰, 기본 쇼핑몰, 고급 쇼핑몰 및 주문제작 인터넷쇼핑몰을 제작해 주고 있으며, 창업자가 꽃 배달 주문을 받게 되면 행복한 플라워(www.hanflower.biz)에서 꽃 배달을 대행해 준다. 또한 1566플라워(www.1566flower.net), 메이크플라워(makeflower.co.kr) 등에서도 꽃 배달 창업을 할 수 있도록 전자상거래 사이트를 제공해 주고 있다.

(3) 소프트웨어 판매

정품의 구입 전에 쉐어웨어(shareware)를 사용해 보고 구입에 대한 의사결정이 가능하다는 장점이 있으며, 개발회사에서는 자사의 소프트웨어를 대중화시킬 수 있는 장점이 있다. 사실, 개발 후 즉시 유료화하기보다는 일부 기능을 뺀 소프트웨어를 쉐어웨어로 대량 배포하는 것도 자사 소프트웨어의 인지도를 높이는 데 도움이 될 것이다.

(4) 정보 및 서비스의 판매

정보제공자(IP: information provider) 혹은 콘텐츠제공자(CP: contents provider)는 다른 용어로 사용되었지만 최근에는 동의어로 사용되고 있으며, 이러한 정보제공 사업은 유료화의 확산으로 급속하게 발전하고 있다.

예를 들어, 카카오(www.kakao.com)에서는 텍스트는 물론이고 이미지와 동영상 등이 포함된 다양한 모바일 디지털 콘텐츠를 만들어 카카오톡 사용자에게 판매 및 마케팅을 하는 모바일 콘텐츠 유통 채널인 페이지의 개발을 완료하였으며, 카카오 검수를 거쳐 카카오페이지 서비스 시작과 동시에 사용자에게 판매할 수 있도록 하였다(전자신문, 2013. 2. 7).

6.3 엔터테인먼트

음악, 영화, 연극, 게임, 만화 등을 엔터테인먼트 산업이라고 하는데, 컴퓨터와 인터넷의 발전으로 더욱 더 발전을 하고 있는 분야이다.

① 영화

② 인터넷 만화

③ 연예관련업

④ 인터넷 방송

⑤ 음악

인터넷의 유료화가 확산되면서 가장 많은 혜택을 받고 있는 분야이기도 하고, 20대의 젊은 창업자들이 많이 뛰어드는 분야이기도 하다. 하지만, 창업비용이 많이 들고, 경쟁이 날로 치열해지는 분야이기도 하다.

6.4 트랙킹 서비스 지원

인터넷을 통하여 판매한 제품들에 대한 사후관리 즉 A/S를 지원하는 것을 말하는데, 예를 들어 택배회사들의 트랙킹(tracking) 서비스가 있다. 현재 한진과 KT 관계자에 따르면, 양사는 2013년부터 KT가 보유한 무선주파수인식기(RFID) 기술이 적용된 스마트 물류관리 시스템을 이용해 국내 화물물류 관제시스템을 기반으로 하는 화물차 트랙킹(tracking) 서비스를 위해 손을 맞잡고 시장 선점에 나설 방침인데, 화물차 트랙킹 서비스란 쉽게 설명하면 각 화물차의 위치와 이동상황 등을 실시간으로 추적해 업무 효율성과 수익성을 극대화하기 위한 신개념 통제시스템이다(뉴스토마토, 2012. 11. 30).

6.5 게 임

한국에서 벤처기업들이 등장하면서 가장 발전하고 있는 분야가 바로 게임산업이며, 한국의 게임산업은 이제 세계시장을 향해 발전하고 있다. 게임산업은 부가가치가 매우 높다는 점에서 전세계적으로 주목을 받고 있는 실정이다. 하지만, 게임분야의 창업을 하기 위해서는 막대한 자금과 우수한 기술력이 필요하다는 점에서 예비창업자들이 뛰어들기에는 무리가 있다고 할 것이다.

하지만, 개발된 게임을 구입한 후에 독특한 아이디어를 부가하는 형태라면 예비창업자들도 충분히 성공할 수가 있다. 예를 들어, 고스톱, 포커게임, 맞고 게임의 경우에는 보통 1,000만원 정도에 구매가 가능하며, 게임의 점수에 따라 경품 혹은 특별한 혜택을 제공하는 경우에는 예비창업자들도 도전해볼 만하다.

6.6 인터넷 컨설팅

창업자의 독특한 아이디어 하나만을 가지고 각 개인이나 기업이 필요로 하는 서비스를 제공할 수 있는 분야이다. 오랜 경험을 갖고 있고 자신만의 노하우가 있는 경우에는 온라인 컨설팅 회사를 설립할 수도 있는데, 주요 창업분야는 다음과 같다.

① 창업과 경영

② 회계

③ 법률

④ 패션코디

⑤ 마케팅리서치(marketing research)

⑥ 기타

6.7 인터넷 출판

인터넷을 이용하여 신문이나 서적 등의 내용이 디지털화되어서 다운로드하여 구독하거나 구입할 수 있게 되었으며, 인터넷 통신망을 통해 전달되는 온라인 잡지 웹진(web zine)이 점차 활성화될 전망이다. 요즈음은 전자서적(e-book)의 창업도 크게 증가하고 있다.

6.8 인터넷 서점

서적은 정형화되어 있으므로 고객이 직접 확인하지 않아도 쉽게 구입이 가능하다는 장점 때문에 인터넷에서 판매가 잘 될 수 있는 상품 중의 하나이다. 아마존(Amazon, www.amazon.com)의 영향으로 국내에서도 인터넷 서점이 많이 오픈되었다.

최근에는 종이책과 유무선 단말기를 모두 포함해 언제 어디서나 같은 책을 계속 볼 수 있는 유비쿼터스(ubiquitous) 독서환경이 활성화되고 있다.

6.9 인터넷 금융

인터넷 금융은 인터넷 은행과 증권회사 등으로 구분할 수 있는데, 인터넷 은행이란 인터넷에서만 운영되는 은행으로 신규 계좌 개설, 잔액 조회 등 은행 업무를 제공하는 정식 은행이다. 현재 국내 대부분의 금융권에서 인터넷 금융서비스를 제공하고 있다.

6.10 인터넷 경매 및 오픈마켓

2005년부터 열풍이 분 것이 바로 인터넷 경매창업 혹은 오픈마켓 창업이라고 할 수 있다. 그 이유는 하나의 상품이라도 오픈마켓에 등록하여 판매할 수 있으며 판매자의 증가에 따른 가격의 저하로 구매자들이 몰리고 있기 때문이다. 김병성, 박대윤, 조주연(2006)은 인터넷 경매의 인기비결을 다음의 세 가지로 설명하고 있다.

(1) 재미있는 쇼핑

온라인 경매라는 새로운 장르를 개척하는 인터넷 경매가 인기를 거두고 있는 이유는 '재미있는 쇼핑'이라는 점이다. 기존 인터넷쇼핑몰이 내세우는 최고의 경쟁무기는 단연 편리함과 가격 경쟁력이다. 즉, 책상에 앉아 자신이 필요로 하는 모든 것을 비교적 저렴하게 구입할 수 있을 뿐만 아니라, 다양한 상품을 쉽게 만날 수 있다는 장점을 경쟁요소로 내세우고 있다. 반면에 현실 쇼핑의 보고 만지는 즐거움 등을 대체하는 새로운 요소가 없다는 것이 인터넷쇼핑몰의 한계로 지적되었다. 이러한 한계를 극복할 새로운 즐거움을 '경매'라는 다분히 오락적인 요소로 만회하고 있다.

흡사 가격 알아맞히기 게임에 참여하고 있는 것처럼 여러 사람이 참가하는 오락과도 같은 쇼핑이며, 이용자가 몰입하게끔 저렴하고 필요한 상품을 적절히 공급하여 이용자의 구매의욕을 자극하는 쇼핑이기 때문에 단지 '구매에 대한 만족감' 외에도 오락적인 요소를 추가함으로써 현실 쇼핑의 보고 만지는 즐거움을 보상해 주고 있다.

(2) 구매자가 가격 결정

인터넷 경매의 다른 인기비결은 구매자가 가격을 결정한다는 것이다. 다른 인터넷쇼핑몰들이 아무리 제품 가격을 할인해도 그것은 결국 공급자의 주머니 사정을 고려해 손해를 볼 수 없는 가격을 책정한다. 하지만 온라인 경매는 완전히 다르다. 구매자의 주머니 사정에 따라 적정선까지만 가격을 제시한다. 이를 위해 인터넷 경매는 해당 제품의 적정 가격을 알려주는 '빨리 찾기' 코너를 두고 같은 제품에 대한 여러 쇼핑몰의 현재 가격을 제공하고 있다. 몇 % 할인해준다는 '말뚝'만 박아놓고 고객의 방문을 유인하는 인터넷쇼핑몰보다 인터넷 경매는 훨씬 세련된 장점을 제공하고 있는 것이다. 소비자가 주도권을 쥐게 되는 인터넷 경제의 가장 적절한 사업 모델이라고 할 수 있다.

(3) 공급자에게 최상의 홍보효과

상품을 제공하는 공급자에게는 최상의 홍보효과를 주고 있다는 점도 인기비결이다. 인터넷 경매에 참여하는 사람들은 다른 인터넷쇼핑몰을 이용하는 사람들보다 상당히 적극적인 구매 의욕을 가지고 있다. 경쟁력이 없는 제품 외에는 거의 대부분이 임자를 만나기 때문에 다른 인터넷쇼핑몰보다도 거래 성사율이 높은 편이다. 중소업체의 신상품이 주를 이루는 특가 경매는 100%의 경매 성사율을 보이고 있다. 이들을 대상으로 자사의 상품을 제공하고 구매 의욕을 자극함으로써 공급자는 이용자들에게 자사 상품의 뚜렷한 이미지와 브랜드를 함께 전달할 수 있는 효과를 거둘 수 있다. 이로 인해서 좋은 제품을 가지고 있지만 마케팅이 부족한 중소업체들의 참여가 높다.

6.11 인터넷 교육

인터넷의 유료화와 더불어 각종 인터넷 교육분야의 창업이 날로 늘어나고 있다. 한국에서는 다른 것은 아껴도 자녀들 교육비는 아끼지 않는다는 이야기가 있을 정도로 교육에 대한 관심이 매우 높은 실정이다. 또한 직장인들 역시 재교육, 자기계발 등에 대한 관심이 매우 높은데, 이는 고용환경이 여전히 불안정하고 평생직장이 더 이상 존재하지 않기 때문이다.

인터넷 교육사업은 도메인을 이용하여 구축할 수도 있지만, 특정 분야의 교육사업을 할 경우에는 카페와 같은 커뮤니티를 이용하여 운영하는 것도 좋을 것이다. 그 이유는 비용이 무료이며, 충성도 높은 회원들을 모을 수 있다는 장점이 있기 때문이다. 예를 들어, 이베이(eBay)에서 10억 벌기(cafe.daum.net/ebaysellerschool)에서는 원격제어 및 화상회의 프로그램을 활용하여 1 대 1 개인별 맞춤형 교육을 진행하고 있다.

6.12 인터넷 무역

인터넷의 발달로 인해 등장한 인터넷 무역은 가상공간인 인터넷을 통해 상품이나 서비스를 구매하고 판매하는 무역거래이며, 물리적 공간과 시간적 제약이 필요 없다는 점에서 전통적인 무역거래와는 근본적인 차이점을 보이고 있다. 인터넷 무역은 국경을 초월한 컴퓨터 통신망인 인터넷이 제공하는 가상공간 자체가 시장이고, 인터넷 접속 이용자가 고객이 된다. 즉, 인터넷 무역이라 함은 인터넷이란 컴퓨터 통신매체를 활용하여 국제상인들 간의 상행위(무역)를 수행하는 것을 의미한다.

컴퓨터 통신매체가 무역에서 활용되는 방식은 인터넷뿐만 아니라 LAN(Local Area Network: 근거리통신망), 인트라넷(IntraNet) 등도 활용되고 있다. 인트라넷은 LAN을 기반으로 기업 내의 모든 정보를 인트라넷 서버(웹서버)에 저장하고 이것을 웹 브라우저를 통해 검색하거나 활용하는 것을 말한다. 하지만 후자의 방식은 인터넷과 결합되어 운영되는 것이며, 전자의 전용선(LAN) 방식은 현재 EDI(Electronic Data Interchange: 전자문서교환)에 많이 이용되고 있지만 점차 인터넷방식으로 전환되고 있다.

아무튼 인터넷 무역이라 함은 반드시 인터넷 네트워크를 통한 거래만을 의미하는 것은 아니며, 현재는 모든 컴퓨터 네트워크를 활용한 무역을 지칭하는 것으로 이해된다. 즉, 인터넷이 일종의 컴퓨터 네트워크의 대표명사로 인식되고 있는 것이다. 그러므로 인터넷 무역은 전자무역(electronic trade)이나 사이버무역(cyber trade)과 동일한 개념으로 보아도 무방할 것이다.

이러한 관점에서 볼 때 인터넷 무역은 또한 국제 전자상거래를 지칭하는 것으로도 볼 수 있다. 전자상거래는, 거래하는 주체(상인)의 주영업소가 국내에 있는 상인간의 거래는 국내 전자상거래로, 국적을 달리하는 경우에는 국제 전자상거래로 구분하는 것이 마땅하다. 또한 크게 보아 인터넷 무역은 국제 전자상거래와 동일한 개념이라 할 수 있다(레포트월드, www.reportworld.co.kr).

6.13 웹사이트 제작

웹사이트 제작 분야의 창업은 오래 전부터 활성화가 되었으며 또한 앞으로도 계속 발전할 것으로 판단된다. 그것은 새로운 창업이 있을 때마다 새로운 웹사이트의 개발, 유지보수 등의 업무가 계속 진행되어야 하기 때문이다. 일반적으로 웹사이트 제작회사는 서버 구축 및 웹 호스팅 서비스까지 대행하고 있다.

(가) 서버 구축

서버(server) 구축을 담당하는 창업은 크게 서버의 구입에서 관리까지 대행해 주는 업체와 가상 서버를 임대해 주는 웹 호스팅 업체로 나누어 볼 수 있다.

(나) 웹 호스팅(web hosting)

자신이 가지고 있는 서버의 일정 공간을 할애하여 타인에게 임대해 주는 사업이며, 매월 일정액을 서버 사용료로 받게 된다.

6.14 인터넷 광고

인터넷이 수행할 수 있는 가장 중요한 역할 중의 하나는 바로 광고라고 할 수 있다. 또한 인터넷을 사용하는 우리나라의 인구 비율이 64.4%라는 조사결과가 나왔는데(연합뉴스, 2002. 10. 25), 이것을 전체 인구로 환산해보면 2,362만명에 달하는 것으로 조사되었다. 또한 2004년 말 현재 국내 초고속 인터넷 서비스 가입자는 1,240만명이며, 연평균 6.1%씩 성장할 것으로 예상되고 있다(한국경제TV, 2006. 1. 25).

이러한 조사결과를 보더라도 인터넷 광고의 효과는 날로 증가할 것으로 예상되며, 기존의 주요 광고매체인 신문을 앞지르고 있다는 평가를 받고 있다. 하지만, 지금까지 인터넷 광고는 불특정 다수를 대상으로 하였다면, 향후에는 특정 고객만을 대상으로 하는 맞춤형 광고로 발전될 것으로 예상된다.

한편, 인터넷 광고는 대형 사이트에서만 진행할 수 있는 것은 아니다. 개인이 운영하고 있는 웹사이트, 카페(cafe)와 블로그(blog)에서도 광고를 진행할 수 있는데, 중요한 것은 사이트에 가입된 회원의 수 혹은 매일 방문하는 네티즌의 수가 많아야 한다.

6.15 기 타

① 인터넷 정보검색 사업
② 특화된 정보제공 서비스
③ 콘텐츠 제공사업

위에서 언급한 것 외에도 다양한 형태의 인터넷창업이 활성화되고 있으며, 아직도 인터넷 분야의 95% 이상이 미지의 영역으로 남아있다고 한다. 지금까지의 인터넷창업이 기술을 기반으로 한 분야들이 발전하였다면 향후 인터넷창업은 특화되고 차별화된 아이디어를 기반으로 하는 분야들이 많이 발전할 것으로 예상되고 있다.

한편, 경기지방중소기업청(2003)은 인터넷을 기반으로 하는 전자상거래로 할 수 있는 일을 다음과 같이 5가지로 제시하고 있는데, 앞에서 설명한 인터넷창업의 종류들과 함께 융합시켜서 새로운 수익모델을 만드는 것도 좋을 것이다.

① 소자본창업: 개설비의 인하로 현재 5백만원에서 1천만원 정도면 온라인에 상점을 꾸밀 수 있다. 물론 초기 재고확보 및 운영비는 별도로 마련해야 하지만, 네트워크의 사용료와 전기료 정도로 운영비를 최소로 하면서 사업을 시작할 수 있다. 사실, 요즈음은 위에서 언급한 오픈마켓창업을 하는 경우에는 거의 무자본으로도 창업이 가능하며, 인터넷쇼핑몰 호스팅 서비스를 받아서 전자상거래를 하는 경우 역시 소자본으로 시작할 수 있다.

② 1인 다역 운영: 소규모 전자상점의 경우 또는 전자상점 관리를 위탁한 경우에는 한 사람이 모든 사항을 관리할 수 있다.

③ 24시간 영업: 전자상거래 서버(server)는 24시간 꺼지지 않는다. 계속 고객의 방문을 받을 수 있고, 영업도 계속 할 수 있다.

④ 세계적인 판매망 구축: 인터넷을 이용한 전자상거래는 판매자가 원한다면 언제든지 전 세계로 판매의 범위를 넓힐 수 있는 모든 조건을 갖추고 있다.

⑤ 대량맞춤(mass customization): 백인백색의 까다로운 고객을 모두 충족시킬 수 있도록 서비스와 판매, 그리고 제안이 가능하다. 전자상거래가 갖고 있는 특성이 쌍방향성과 대화성인데, 이런 특성을 판매에 잘 활용한다면 고객감동을 이끌어내는 것이 그리 어렵지 않을 것이다.

7 인터넷창업의 준비 및 고려사항

인터넷을 활용한 창업은 준비시간, 비용 등에서 다른 창업분야에 비하여 수월하다는 점과 장기적으로 성과를 낼 수 있다는 장점이 있지만 시작단계에서부터 창업인프라를 튼튼하게 하는 것이 중요하다. 예를 들어, 높은 건물을 건축하기 위해서는 우선 기초공사를 튼튼하게 해야 하는 것과 마찬가지이다.

1994년 10월 21일에 성수대교가 붕괴된 일과 1995년의 삼풍백화점 붕괴사건을 통해 창업자들이 배워야 하는 것은 창업자로서의 준비라고 할 수 있다. 부실한 창업준비는 부실한 창업으로 연결되어 결국 조기에 파산하게 되는 결과를 초래하게 된다는 사실을 염두에 두어야 한다.

7.1 창업아이템 선정

(1) 창업아이템 선정방법

창업아이템을 선정할 때에는 우선 창업자 자신이 좋아하고 흥미가 있는 분야인가를 고려하는 것이 가장 좋다. 아무리 돈이 된다고 하더라도 본인의 경험과는 관계없이 아무 업종에나 뛰어드는 것은 피해야 한다. 한국에서 창업시장은 '대박', '신화'라는 용어로 인해서 왜곡되었다고 할 수 있는데, 평생을 통해서 즐길 수 있는 분야를 찾는 것이 가장 좋을 것이다.

예를 들어, 예비창업자가 창업아이템으로 인터넷쇼핑몰 창업을 생각하고 있다면, 강현순(2006)은 인터넷쇼핑몰 창업의 구체적인 아이템 선정방법을 다음과 같이 세 가지로 제안하고 있다.

(가) 관심 아이템 선정

아이템을 선정할 때에 중요한 것은 자신이 좋아하고 또한 자신에게 맞는 아이템을 선택하는 것이라고 할 수 있다. 즉, 지금까지 경험해 왔고 관심을 가졌던 분야의 사업 아이템으로 시작하는 것이 좋다는 것이다.

(나) 벤치마킹을 통한 아이디어 수집

현재 잘 운영되고 있는 사이트에 대한 벤치마킹을 통해 아이템을 선정할 수도 있다. 현재 잘 팔리고 있는 아이템 혹은 소비자들의 수요는 있으나 공급이 부족한 아이템 등 다양한 측면에서 조사하고 분석할 필요가 있다.

(다) 시장조사를 통한 아이디어 수집

① 직접 방문조사: 제조업체를 직접 방문하는 경우에는 해당업체에 대한 정보를 직·간접으로 얻을 수 있는 기회를 제공하며, 자신이 가진 사업에 대한 의지를 보여줄 수 있는 기회를 갖게 된다.

② 도매상을 통한 조사: 제조업체와 직접 접촉이 어려운 경우에는 가격이나 공급의 측면에서 도매상과 거래를 하는 것이 오히려 더 유리한 경우도 있다.

③ 경쟁사를 통한 조사: 특정상품이 경쟁점포를 비롯하여 어디서 어떻게 팔리고 있는지를 알 수 있다면 시장성을 분석하는 데 큰 도움이 될 수 있다.

④ 온라인을 통한 조사: 다른 회사에서 운영하고 있는 인터넷 쇼핑몰을 주기적으로 방문하여 살펴보는 것도 중요할 것이다.

이 외에도 현재 옥션이나 G마켓 등의 오픈마켓에서 활동하고 있는 우수 판매자를 만나서 조언을 받는 것도 좋은 방법이 될 수 있다. 이러한 판매자들에게 메일을 보내거나 직접 만나서 도움을 요청하는 것도 좋을 것이다.

(2) 인터넷을 이용한 창업아이템 선정의 원칙

인터넷 창업을 준비하면서 아래의 질문들에 대하여 스스로 질문하고 답변을 해 볼 필요가 있다. 그러면, 무엇이 부족하고 무엇을 더 준비해야 하는지를 알 수 있게 된다.

① 환경예측이 가능하며, 성장가능성이 있는 아이템인가?

② 자신의 적성과 능력에 맞는 업종인가?

③ 지금까지 배운 지식이나 경험을 활용할 수 있는 아이템인가?

④ 주위의 사람들에게 도움을 얻을 수 있는가?

⑤ 전문적인 기술이나 지식이 필요한가?

⑥ 필요하다면 배우고 익히기 쉬운가?

⑦ 법적 규제가 없는가?

⑧ 창업에 필요한 자금과 인력이 어느 정도이며, 조달가능한가?

⑨ 스스로 생각할 때에 제대로 창업준비가 되어 있는가?

(3) 인터넷을 이용한 창업아이템 선정의 순서

다른 창업분야의 아이템 선정절차와 크게 다르지 않지만 다음의 순서대로 준비를 하면 크게 성공하지는 못한다 할지라도 실패하지는 않을 것이다. 그저 아이템만 있으면 창업준비가 모두 끝났다고 생각해서는 안 되는 것이며, 아무리 돈을 적게 들이고 창업을 하더라도 준비는 제대로 해야 한다는 것이다.

① 창업아이템에 대한 시장조사

② 희망 창업분야에 대한 전문가와의 상담

③ 창업아이템에 대한 구체적 정보 수집

④ 창업아이템에 대한 정밀 분석 및 검토

⑤ 사업타당성 및 실패위험 등을 분석

⑥ 최적 업종 및 창업아이템의 선정

위의 창업아이템 선정의 절차에서 전문가와의 상담은 매우 중요한데, 바둑에서 훈수를 두는 사람들의 시각에서 조언을 받는 것이 필요하다. 이에 따라 예비창업자들은 평소에 창업전문가들과의 인맥을 형성하고 교류하는 활동을 지속적으로 하는 것이 좋다. 예를 들어, 저자는 2010년 3월에 대구경북창업카페연합회(cafe.daum.net/isoho2jobs)를 설립하여 운영하고 있는데, 먼저 창업을 한 사람들과 창업을 준비하고 있는 사람들이 상호 교류하여 인맥 형성을 목적으로 운영을 하고 있어서 신규 창업자들에게는 많은 도움이 되고 있다.

(4) 유망 창업아이템의 요건

유망 아이템과 유망하지 않는 아이템 간의 뚜렷한 구분은 없지만 인터넷창업 아이템을 찾을 때에는 다음과 같은 질문에 답변해 볼 필요가 있다.

① 최소한의 비용으로 최적의 웹사이트를 구성할 수 있는가?

② 자신의 사이트를 지속적으로 관리하고 갱신할 수 있는가?

③ 사이트 개설 이후 장기적으로 관계를 유지하고 공감대를 형성할 수 있는 협조자가 있는가?

④ 사이트를 관리 운영함에 있어 충분히 실무지식을 갖고 있다고 생각하는가?

⑤ 적더라도 매월 고정적인 수익을 발생시킬 수 있는가?

(5) 창업아이템의 선정을 위한 조사

인터넷창업 아이템을 선정할 때에 한 가지 기준이 되는 것은 목표고객에 대한 설문조사의 결과라고 할 수 있다. 예를 들어, 대학생들을 대상으로 하는 인터넷창업을 생각할 때에는 대학생들의 인터넷이용에 대한 조사를 실시하고, 그 결과를 토대로 세부적인 창업아이템을 선정할 필요가 있다는 것이다.

예를 들어, 저자가 2006년 5~6월에 대학생 500명을 대상으로 대학생들이 인터넷을 이용하여 가장 많이 하는 활동에 대해 조사한 결과를 보면 1위가 자료검색(27.7%), 2위는 채팅/커뮤니티 활동(세이클럽, 동호회, 미니홈피, 22.4%), 3위는 이메일(17.8%), 4위는 예약 및 쇼핑(12%), 5위는 게임/오락(9.3%), 6위는 TV/영화감상(6.6%), 7위는 온라인학습(3.1%) 등의 순서로 나타났다. 위의 결과를 보면, 대학생들의 67.9%가 자료검색, 채팅/커뮤니티 활동, 이메일을 가장 많이 하고 있는 것으로 조사되었다. 2005년 6월의 조사와 비교해 보면, 이메일이 6.8%가 감소, 자료검색은 4.5%가 증가, TV/영화감상은 3.6%가 증가, 게임/오락은 3.1%가 감소한 것으로 조사되었다.

또한 대학생들이 자주 이용하는 유료 콘텐츠 및 서비스에 대해서는 2005년 6월의 조사에서는 대학생들의 80.3% 정도가 유료 콘텐츠 혹은 서비스를 이용한 경험이 있는 것으로 조사되었는데, 이번 조사에서는 대학생들의 100%가 이용한 경험이 있는 것으로 나타났다. 구체적으로 살펴보면, 대학생들이 가장 많이 이용하는 유료 콘텐츠 및 서비스를 보면 1위는 아바타 및 아이템(32.4%), 2위는 모바일 콘텐츠(벨소리, 컬러링, 26.4%), 3위는 레포트 구입(자료결제, 16.9%), 4위는 영화/드라마(8.4%), 5위는 온라인게임(5.2%), 6위는 유료 웹하드(5%), 7위는 교육(4.5%) 등의 순서로 조사되었다. 2005년 6월의 조사와 비교해 보면, 아바타 및 아이템의 구입이 10.4%가 증가되었고, 모바일 콘텐츠(벨소리, 컬러링)의 구입은 3.6%가 증가한 것으로 조사되었다. 한편, 레포트 구입(자료결제)이 2005년 6월의 조사(16.5%)와 같이 3위로 나타났다는 것인데, 수강하고 있는 과목에 대한 보고서를 직접 작성하지 않고 구입하여 제출하는 학생들이 매우 많다는 것을 알 수 있다.

위에서 언급한 대학생들이 많이 활용하는 인터넷 분야와 자주 이용하는 유료 콘텐츠 및 서비스에 대한 설문조사 결과는 인터넷 분야의 창업아이템을 선정하는 데 유용하게 활용될 수 있다. 또한 직장여성들을 대상으로 혹은 고령자를 대상으로 인터넷창업 아이템을 선정할 때에도 목표고객에 대한 광범위한 설문조사의 실시는 중요하다고 할 수 있다.

이제 창업은 감각 혹은 자신의 경험만으로 준비해서는 곤란하며, 창업분야 혹은 목표로 하는 고객에 대한 체계적인 조사 및 분석을 기반으로 준비해야 한다는 것이다. 남들이 하니까 나도 해보자는 식의 접근으로는 성공창업이 어렵다는 것을 알아야 한다.

7.2 인터넷 제품으로 유리한 아이템

제품의 크기가 소형이거나 특별히 제품이나 서비스를 눈으로 보거나 만져 보지 않아도 제품의 품질이나 내용을 확인할 수 있는 제품이 유리하다. 예를 들어, 각종 예약 서비스, 서점, 컴퓨터 소프트웨어 등이 그것들이다. 또한 최근 인터넷에서 잘 판매되는 상품들을 보면 직접 보지 않아도 규격이 정형화되어 있고, 가격이 일정하면서 지속적으로 신상품이 생산되는 문화적인 상품도 많이 팔리고 있다는 것을 알 수 있다.

한편, 창업자가 추가적으로 고려해야 할 사항은 아이템이 대중적인 것인가 하는 것이다. 즉, 누구나 사용하고 있으면서 아울러 얼마나 자주 구입하는 제품인가를 고려해야 한다. 특별한 제품에 대해서는 구매할 수 있는 고객도 적다는 것을 생각해야 하는데, 대중성은 아래의 질문에 답변을 해 봄으로써 판단할 수 있을 것이다.

① 일반 대중이 친숙하게 느끼는 제품인가?

② 일반 대중이 자주 구매하는 제품인가?

③ 일반 대중이 즐기며 좋아할 수 있는 제품인가?

④ 일반 대중이 생활 중에서 자주 필요한 제품인가?

7.3 창업멤버 구성

인터넷창업 멤버는 다른 창업분야와는 조금 다르다. 비록 소호(SOHO, Small Office Home Office) 형태로 인터넷창업을 한다고 할지라도 적어도 다음 네 분야의 전문가는 필요하다. 물론 창업자의 능력에 따라서 동시에 2~3가지의 업무를 수행하는 것도 가능한데, 아래에서 프로그래머와 웹디자이너는 한 사람이 담당해도 충분할 것이다.

① 대표: 창업아이템의 개발, 행정적인 업무 및 조직의 관리

② 프로그래머: 창업자의 아이디어를 상품으로 개발

③ 웹디자이너: 웹에 필요한 디자인을 담당

④ 웹 마케터(web marketer): 창업자 사이트에 대해 인터넷을 활용한 마케팅을 수행

한 가지 더 언급하고 싶은 것은 인터넷창업이라고 해서 모든 것을 자체에서 개발할 필요가 없다는 것이다. 요즈음은 핵심 기술만 갖고 차별화된 아이디어를 접목시켜서 창업을 하는 것이 더 유리하다는 것이다. 예를 들어, 게시판이나 인터넷쇼핑몰 솔루션까지 자체에서 제작할 필요는 없으며, 구입하거나 임대하여 사용하는 것이 오히려 더 저렴하다.

7.4 인터넷창업의 소요 비용

처음으로 인터넷창업을 할 때에는 대체적으로 다음과 같은 다섯 가지 종류의 비용이 필요하다. 이 중에서 일부 비용의 경우에는 당장 있어야 하지만 일부 비용의 경우에는 임대하거나 호스팅으로 해결할 수도 있다. 예를 들어, 서버(server)의 경우에도 당장 수백 만원 혹은 수천 만원의 비용을 들여서 구입하기보다는 임대하여 사용할 수도 있다.

① 컴퓨터 및 프린트와 같은 기본 장비

② 웹사이트 구축비용

③ 디지털카메라, 캠코더 등 촬영장비 및 시설

④ 전용선 설치 및 관리에 따른 서버(server) 운영비용

⑤ 기타 사업 성격에 따른 제비용

하지만, 어떤 종류의 인터넷창업을 하느냐에 따라 위에서 언급한 비용 외에 별도의 비용이 필요한 경우가 많다. 예를 들어, 강현순(2006)은 인터넷쇼핑몰 창업을 하는 경우에 필요한 비용들을 다음과 같이 제시하고 있다.

① 인터넷쇼핑몰 솔루션 구입(혹은 개발) 비용: 독립 형태의 상점으로 인터넷쇼핑몰을 제작해 주는 업체들이 많으며, 패키지 형태의 제품으로 출시된 경우도 많이 있다. 예를 들어, 인터넷쇼핑몰 솔루션을 구입한 후에 직접 서버(server)에 설치한 후에 상품등록을 하면 되는데, 이러한 경우에는 전문적인 기술이 필요하다.

② 호스팅 비용: 인터넷쇼핑몰 호스팅 서비스를 받는 경우에는 앞에서 언급한 인터넷쇼핑몰 솔루션을 구입하거나 개발할 필요가 없는데, 월 3~5만원이면 인터넷쇼핑몰 솔루션도 함께 제공되기 때문이다. 예를 들어, 메이크샵(www.makeshop.co.kr), 카페24(www.cafe24.com), 가비아(www.gabia.com) 등이 대표적인 기업들이다.

③ 신용카드 결제서비스: 인터넷쇼핑몰에서 신용카드 결

제는 반드시 필요한 부분인데, 현재 이니시스(www.inicis.com), KCP(www.kcp.co.kr) 등이 대표적인 신용카드 결제 대행사들이다.

④ 도메인 등록비: 국내외의 도메인 등록을 대행하는 기관은 매우 많으며, 가능하면 한 곳에서 등록하면 편리하다. 도메인 등록비를 납부할 시기가 되면 메일 및 우편물을 발송해 준다. 예를 들어, 저자는 아이네임즈(www.inames.co.kr)에서 도메인을 구입하고 있다.

⑤ 초도상품 비용: 인터넷쇼핑몰 운영을 처음 시작할 때에는 품목당 초도상품을 가능하면 소량으로 구매하는 것이 좋다. 처음에 너무 많은 상품을 구매하면, 그만큼 현금 유동성에 문제가 생길 수 있기 때문이다. 아울러 인터넷쇼핑몰 운영에 대한 경험을 쌓아가면서 품목 및 수량을 늘여가는 전략이 필요할 것이다.

⑥ 기타 비용: 명함제작에 따른 비용, 인터넷전용선의 사용에 따른 비용, 각종 프로그램 및 장비구입에 따른 비용, 인터넷쇼핑몰의 검색엔진 등록비용 등이 들어가게 된다. 이외에도 홍보에 따른 비용이 많이 소요될 수 있으나, 카페(cafe)와 블로그(blog) 등을 이용하면 무료 홍보도 얼마든지 가능하다. 요즈음은 카페를 개설하여 운영함으로써 충성고객을 확보해 두면 인터넷쇼핑몰의 지속적인 매출향상에도 많은 도움이 될 수 있다.

7.5 인터넷창업을 위한 기본적 장비

비록 무점포 재택창업의 형태로 인터넷창업을 한다고 하더라도 최소한의 장비는 필요한데, 크게 보면 하드웨어 및 소프트웨어로 구성될 수 있다.

(1) 컴퓨터의 구입

컴퓨터는 개인용 컴퓨터와 웹서버(web server)로 구분하여 생각할 수 있는데, 개인용 컴퓨터는 구입해야 하지만 웹서버는 월 2~3만원의 비용으로 호스팅 서비스를 받으면 될 것이다. 일반적으로 웹서버는 홈페이지 혹은 인터넷쇼핑몰 솔루션을 개발해 주는 회사에 매월 일정 비용을 지불하고 사용하면 된다.

(2) 주변 장치의 구입

인터넷창업을 할 경우에는 아래의 주변 장치들도 필요한데, 인터넷창업의 유형에 따라 조금씩 달라질 수 있다.

① 프린터

② CD/DVD 리코더

③ 스캐너(scanner)

④ 디지털카메라 혹은 캠코더

⑤ 상품촬영 시설 및 장비

(3) 소프트웨어의 구입

소프트웨어의 경우에는 구입하여 사용할 수도 있으나 쉐어웨어(공유할 수 있는 소프트웨어)들이 많이 있어서 무료로 활용할 수도 있다. 예를 들어, 웹에디터(WebEdit), FTP(file transfer protocol), 일부 그래픽 소프트웨어 등 무료로 다운 받아서 사용할 수 있는 소프트웨어들이 매우 많다. 하지만, 포토샵(photoshop) 등과 같은 소프트웨어는 구입해야 한다.

한편, 창업자가 다양한 소프트웨어를 잘 사용할 수 있다는 것은 시간 및 인건비의 절약으로 이어질 수 있으며 아울러 창업자의 경쟁력을 높일 수 있다. 또한 다양한 수익모델(Business Model, BM)을 개발하기 위해서도 다양한 소프트웨어의 활용에 대한 실무지식은 필수적으로 요구된다.

7.6 도메인명 확보 및 신청방법

인터넷창업을 하려면 반드시 필요한 것이 도메인(domain) 혹은 인터넷주소라고 할 수 있는데, 도메인은 루트 도메인 아래에 1단계 도메인 또는 최상위 도메인, 차상위 단계인 2단계 도메인, 3단계 도메인으로 분류할 수 있다.

[예] www.newbiz.or.kr (1단계: kr, 2단계: or, 3단계: newbiz)

이러한 도메인은 국내 혹은 국외의 여러 사이트에서 구입이 가능하며, 가격에서도 약간의 차이는 있다. 다만, 가능하면 한 곳에서 도메인을 구입하는 것이 관리상에서 편리한 점이 있다. 국내 주요 도메인 구입사이트는 다음과 같다.

① 도메인등록 아이네임즈(www.inames.co.kr)

② 가비아 도메인등록(www.gabia.com)

③ 후이즈 도메인등록(www.whois.co.kr)

도메인을 구입할 때에 주의할 점은 반드시 본인의 이름과 전자우편주소를 등록해야 한다는 것이다. 홈페이지를 개발하는 회사 혹은 다른 사람의 이름과 전자우편주소를 사용한 경우에는 나중에 법적 분쟁의 소지가 있으며, 특히 직원의 이름과 전자우편주소로 도메인을 구입하는 것은 절대 금물이다.

7.7 상품 공급

인터넷창업을 하기 위해서는 잘 팔릴 수 있는 상품을 안정적으로 공급받는 것이 중요한데, 사실 초보창업자에게는 여간 힘든 일이 아니다. 이제 겨우 창업했는데 좋은 조건으로 상품을 공급받는 것은 매우 힘든 일이다. 성공한 인터넷창업자들의 사례를 들어보면, 결국은 몇 가지 품목에서 몇 개의 상품으로 판매를 시작한 후에 많이 팔 수 있는 능력을 보여주는 것이 좋은 조건으로 상품을 공급받기 위해 중요하다는 것이다.

(1) 상품공급 결정

상품공급에 대한 결정은 국내 제조 및 유통업체와 계약할 경우와 수입판매의 경우로 구분하여 생각할 수가 있다(홍성근, 김동희, 2003). 먼저, 국내 제조 및 유통업체와 계약할 경우에는 안정적인 상품공급이 가능하며, 아울러 출고 및 재고량을 미리 파악할 수 있다. 또한 다양한 정보제공이 가능하며, 신뢰가 쌓이는 경우에 신용거래가 충분히 가능하다는 것이다.

수입판매의 경우에는 직접 해외시장에 가서 구매하거나 관세사에게 의뢰하여 주문하게 되는데, 해외의 사이트를 통해 이메일 등으로 카탈로그와 가격표를 같이 받아 가격을 결정할 수 있다. 또한 샘플을 먼저 수입하는 것이 좋은데, 샘플 수입절차를 통하여 정상적인 수입 전에 판매업자의 신용도, 결제방법, 통관 등을 시험해 볼 수 있다.

한편, 제조 및 유통업체와 상품공급에 대한 거래계약서를 작성할 때에는 다음과 같은 항목이 포함되도록 해야 한다.

① 계약의 목적

② 계약기간, 수량, 매매단가

③ 주문

④ 인도

⑤ 대금지급

⑥ 하자담보책임

⑦ 상품운송조건

⑧ 상품검수

⑨ 손해배상

⑩ 계약의 해제

⑪ 준용

(2) 공급자 결정시 주의사항

(가) 제조업체와 계약할 경우

① 제조업체에게 그 상품의 홍보효과에 대해 충분히 설득시키고 판촉지원을 약속 받는다

② 새로운 상품일 경우에는 독점계약을 하는 것도 좋다

③ 시장 판매시 적정 할인 폭을 인정받을 수 있도록 한다.

④ 상품의 A/S와 신용거래를 약속 받는 것이 필요하다.

(나) 유통업체와 계약할 경우

① 상품의 품질과 유통의 투명성을 약속 받아야 한다.

② 유통업체의 재무구조를 파악하여 신용관리에 신경을 쓴다.

③ 제조업체의 공급가격을 조사해서 마진율을 높이도록 노력한다.

창업자가 직접 제품을 생산하는 것이 아니라면 결국 좋은 조건에 장기적으로 제품을 공급받는 것이 중요한데, 이것을 위해서는 다양한 인맥형성 및 네트워크를 활용하는 것이 필요하다. 아울러 국내 및 해외 도매시장을 자주 탐방하면서 새로운 상품들을 찾는 노력도 필요하다.

8 인터넷창업 관련 제도와 법률

인터넷쇼핑몰 사업을 진행하면서 "전자상거래 등에서의 소비자보호에 관한 법률" 등의 위반으로 법적 문제가 발생하는 경우가 많은데, 로앤비(www.lawnb.com)에서 관련 법률의 원문을 볼 수 있다. 이에 대해서 강현순(2006)은 인터넷 창업관련 제도와 법률 중에서 특히 다음과 같은 사항에 주의해야 할 것을 제시하고 있다.

(1) 사이버몰 운영자의 표시사항 (법 제10조 제1항)

사이버몰 운영자는 소비자가 사업자의 신원 등에 관하여 쉽게 알 수 있도록 다음 각 호의 사항을 사이버몰의 초기화면에 표시해야 한다.

① 상호 및 대표자 성명

② 영업소 소재지 주소(소비자의 불만을 처리할 수 있는 곳의 주소

를 포함)

③ 전화번호, 전자우편주소

④ 사업자등록번호

⑤ 사이버몰의 이용약관

⑥ 통신판매업 신고번호 및 신고기관

(2) 통신판매업 신고 (법 제12조 제1항)

사업자성명, 주민등록번호, 상호, 주소, 전화번호(법인인 경우 대표자 성명, 주민등록번호 포함), 전자우편주소, 인터넷 도메인 이름, 호스트 서버의 소재지를 사업자등록증 사본 및 법인 등기부등본을 첨부하여 관할 시군구청에 신고해야 한다. 위반시는 3,000만원 이하의 벌금(법 제42조 제1호)을 납부해야 한다.

(가) 통신판매업 변경신고 (법 제12조 제2항)

사업자(법인의 경우에는 대표자 성명), 상호명, 주소, 전화번호, 전자우편주소, 인터넷 도메인 이름, 호스트서버의 소재지가 변경되었을 경우 변경일로부터 15일 이내에 증명서류를 첨부하여 관할 시군구청에 신고해야 한다.

(나) 통신판매업 휴ㆍ폐업신고, 영업재개신고 (법 제12조 제3항)

휴업ㆍ폐업은 통신판매업신고증을 첨부하여 신고하면 되고, 영업을 재개할 경우에는 5일전 관할 시군구청에 신고하면 된다.

(다) 신고의무 제외대상 통신판매업자 (시행령 제14조)

① 부가가치세법 제25조 제1항(연간매출액이 4,800만원 미만인 사업자)의 규정에 의한 간이과세자인 사업자

② 신고 면제 통신판매업자가 통신판매에 관한 표시 또는 광고를 하는 경우 법13조 제1항 제3호의 통신판매업 신고번호에 갈음하여 면제사유를 명시해야 한다.

(3) 신원에 대한 정보의 제공 (법 제13조 제1항)

재화 등의 거래에 관한 청약을 받을 목적으로 표시 · 광고를 행하는 경우에 다음 각 호의 사항을 포함시켜야 한다.

① 상호 및 대표자 성명

② 주소, 전화번호, 전자우편주소

③ 통신판매업 신고번호 및 신고기관

(4) 계약내용 서면 교부 (법 제13조 제2항)

소비자의 청약에 따라 재화 등을 공급하는 경우에는 그 계약내용에 관한 서면(전자문서)을 송부해야 한다. 위반시에는 500만원 이하의 과태료(법 제45조 제2항 제2호 및 시행령 제42조)와 1년 이하의 영업정지(법 제32조 제4항)에 처할 수 있다.

(5) 청약철회 조건(법 제17조)

소비자는 주문이 체결된 경우라도 재화 등을 공급받은 날부터 7일 이내에 조건 없는 청약 철회가 가능하다. 또한 표시·광고 또는 계약내용과 다른 재화 등이 공급된 경우 공급받은 날부터 3개월, 알 수 있었던 날부터 30일 이내에 철회가 가능한데, 이 경우에는 시정조치를 해야 하며 불이행시 영업정지를 받을 수도 있다. 고객의 청약철회에 따른 환급금 지급(법 제18조)은 재화 등을 반환 받은 날부터 3영업일 이내에 환급해야 하는데 위반시에는 1년 이하의 영업정지(법 제32조 제4항)를 받을 수 있다. 하지만, 다음과 같은 경우에는 청약철회를 제한하고 있다.

① 소비자에게 책임 있는 사유로 재화 등이 멸실·훼손된 경우(포장훼손은 가능)

② 소비자의 사용·소비에 의하여 가치가 현저히 감소된 경우(단, 명기 필요)

③ 시간경과에 따라 재판매가 곤란할 정도로 재화가치가 현저히 감소한 경우

④ 복제 가능 재화 등의 포장을 훼손한 경우

⑤ 청약철회 인정시 판매자 또는 제3자에게 회복할 수 없는 피해가 예상되어 사전고지 및 동의를 얻을 경우. 단, 입증책임은 사업자가 부담

(6) 재화 등의 공급 등 (법 제15조)

대금의 전부 또는 일부를 지급 받은 날부터 3영업일 이내에 재화 등의 공급을 위한 필요한 조치를 하여야 하되 별도 약정시에는 제외한다. 위반시에는 6월 이하 영업정지(법 제32조 제4항)를 받을 수 있다.

(7) 미성년자와 계약시 고지 (법 제13조)

미성년자와 계약시는 법정대리인이 동의하지 않으면 미성년자 본인 또는 법정대리인이 계약을 취소할 수 있다는 내용을 미성년자에게 고지하여야 한다. 위반시에는 2월 이하 영업정지(법 제32조 제4항)를 받을 수 있다.

(8) 통신판매 중개자의 책임 (법 제20조)

중개자의 책임이 없다는 것을 약정하지 아니하거나 미리 고지하지 아니한 경우 중개의뢰자의 고의 또는 과실로 인한 소비자피해에 대하여 중개의뢰자와 연대책임 부담이 있다. 위반시에는 1년 이하의 영업정지(법 제32조 제4항)를 받을 수 있다.

(9) 금지행위 (법 제21조 제1항 제1호 내지 제7호)

전자상거래를 행하는 사업자 또는 통신판매업자는 다음 각 호의 1에 해당하는 행위가 금지된다.

① 허위 또는 과장된 사실을 알리거나 기만적 방법을 사용하여 소비자를 유인 또는 거래하거나 청약철회 등 또는 계약의 해지를 방해하는 행위

② 청약철회 등을 방해할 목적으로 주소, 전화번호, 인터넷도메인 이름 등을 변경 또는 폐지하는 행위

③ 분쟁이나 불만처리에 필요한 인력 또는 설비의 부족을 상당기간 방치하여 소비자에게 피해를 주는 행위

④ 소비자의 청약이 없음에도 불구하고 일방적으로 재화 등을 공급하고 그 대금을 청구하는 행위

⑤ 소비자가 재화를 구매하거나 용역을 제공받을 의사가 없음을 밝혔음에도 불구하고 전화, 팩스, 컴퓨터통신 또는 전자우편 등을 통하여 재화를 구매하거나 용역을 제공받도록 강요하는 행위

⑥ 본인의 허락을 받지 아니하거나 허락 받은 범위를 넘어 소비자에 관한 정보를 이용하는 행위

(10) 소비자피해보상보험계약 등 (법 제24조)

선불식 통신판매업자는 소비자피해보상보험계약 등을 체결해야 한다. 다만, 아래의 사항은 적용 제외된다. 위반시에는 1년 이하의 영업정지(법 제32조 제4항)를 받을 수 있다.

① 10만원 이하 현금거래

② 신용카드 거래

③ 제3자가 배송을 확인할 수 없는 재화 등을 구매하는 거래

④ 일정기간에 걸쳐 분할 공급되는 재화 등을 구매하는 거래

⑤ 기타 공정위가 고시하는 거래

(11) 위반행위의 시정권고(법 제31조) 및 시정조치(법 제32조)

제32조의 시정조치에 앞서 당해 행위를 중지하거나 이 법에 규정된 의무를 이행하도록 사업자에게 시정방법을 정하여 이에 따를 것을 권고할 수 있으며(법 31조), 법의 규정을 이행치 않을 시 사업자에 시정조치를 명할 수 있다(법 32조).

(12) 기타 판매시 주의상품

(가) 서적(도서정가제)

발행일 기준 1년 미만 도서의 경우 정가 대비 10% 이상 할인판매가 불가능하다(출판 및 인쇄진흥법 제22조 제2항).

(나) 음반 · 비디오 등

서적, 음반, 비디오, DVD, 게임기, 소프트웨어의 '18세 이상 이용가' 물품은 청소년보호법, 음반 · 비디오물 및 게임물에 관한 법률에 따라 물품등록시 다음과 같은 형식으로 표시해야 한다.

① 서적: 19세 미만 구독불가

② CD · 음반: 청소년 이용불가

③ 비디오, DVD, 게임기, 소프트웨어: 18세 이상 이용가

(다) 농축산물, 식품

① 원산지 표기주의로 수입 농산물의 원산지 미표시 및 국내산으로 허위표시시 처벌을 받는데, 위반시 형사입건되며 5년 이하 징역 또는 5천만원 이하 벌금에 처해진다.

② 친환경 농산물로 유기농, 친환경, 무농약, 저농약 문구를 부정사용시 처벌을 받는데, 친환경 농업육성법 제17조 5항2에 의거 3년 이하 징역 또는 3천만원 이하 벌금에 처해진다.

(라) 화장품, 향수

① 물품 발송시 포장용기 또는 제품케이스에 판매금액을 스티커 등을 이용하여 반드시 부착 · 판매해야 한다.

② 기능성화장품은 미백에 도움, 자외선 차단, 주름개선 문구는 사용가능하지만 식약청에서 기능성화장품 심사승인을 받아야 한다.

③ 수입화장품은 제품포장용기에 반드시 한글표기가 되어 있는 제품인지 확인하고 무신고 수입제품은 판매가 불가하다.

(마) 가구 · 주방 · 건강 · 자동차용품

품질경영 및 공산품 안전관리법 시행규칙 제4조에 의거 안전검

사(검 마크부착)를 받은 물품인지를 확인해야 하며, 위반시 동법 제21조에 의거 3년 이하 징역 또는 3천만원 이하의 벌금에 처해질 수 있다. 본 건에 대해서는 한국생활환경시험연구원 홈페이지(www.kemti.org)를 참조하면 된다.

(바) 초상권 · 상품권 · 저작권 등

① 유명 연예인사진 무단도용(초상권 침해)

② 수입명품 및 유명 브랜드 위조품 판매(상표권 침해, 형사처벌)

③ 유명상표 유사문구는 부정경쟁방지 및 영업비밀에 관한 법률, 상표법에 의거 처벌

④ 다른 사이트의 웹페이지를 무단 복제하거나 링크하여 이미지, 설명문구를 그대로 사용하는 것은 금지(저작권 침해)

위에서 언급한 사항 중에서 특히 주의해야 될 사항 중 하나는 상품등록 등을 위해 이미지를 무단으로 사용하는 경우이다. 화장품과 같은 상품의 경우 직접 상품을 촬영하여 이미지를 만드는 것이 아니라 제품 제조자의 홈페이지나 카탈로그에서 이미지를 복사하여 사용하는 방법이 있는데, 이 경우 법률적인 판단은 두 가지로 나누어진다. 하나는 이미지를 도용한 명백한 불법이라는 판단과 다른 하나는 단순한 상품의 사진은 저작권법상 창작이 아니기 때문에 저작권의 보호를 받지 못한다는 것이다. 이런 불확실성을 없애기 위해서는 가능하면 직접 이미지를 제작하는 것이

좋다. 그렇지 않고 다른 사람의 이미지를 사용한다면 해당 이미지의 소유자에게 간단하게나마 허락을 받아두는 것이 좋다(원승교, 2006).

① 이미지의 묵시적 허용: 이미지의 소유자가 상품의 제조자이거나 공급처일 경우에는 실무적으로 별다른 허락 없이 사용 가능한 경우가 많다. 즉 상품의 정식 판매업자일 경우에는 공식적인 이미지의 사용이 실무적으로 그다지 문제되지는 않는다. 이 때 이미지 사용이 문제가 되어 법률적인 처벌의 대상이 되는 경우는 거의 없다고 해도 무방하다.

② 이미지의 불법사용: 저작권법 위반은 민사상 혹은 형사상의 책임이 따르는 중대한 위법행위이다. 다른 판매점에서 직접 제작한 상품 이미지를 무단으로 복제하여 사용하는 경우나 이미지의 저작권자가 사용을 허락하지 않는 상황에서 복제하여 사용하면 문제가 된다. 특히 문제가 되는 것은 상품의 이미지를 불법으로 복제하여 사용하거나 홈페이지의 각종 버튼, 이미지와 기타 그래픽과 관련된 구성 디자인이 복제된 경우가 있다. 그리고 자신의 이미지에 대한 저작권 등록을 하려면 저작권심의조정위원회(www.copyright.or.kr)에서 운영하는 저작권 등록절차를 밟으면 된다.

(사) 가전, 컴퓨터, 자동차용품 등

전기용품 안전관리법에 의거 안전인증 대상이 전기용품인 경우 인증 받은 제품인지 확인 후 등록해야 한다. 자세한 사항은 한국전기전자시험연구원 홈페이지(www.keeti.re.kr)를 참조하면 된다. 위반시에는 동법 제15조에 의거 20년 이하 징역 및 2천만원 이하의 벌금에 처해질 수 있다.

위에서 설명한 "전자상거래 등에서의 소비자보호에 관한 법률"은 2012년 6월 1일에 일부 개정이 되었기 때문에 자세한 내용은 로앤비(www.lawnb.com)에서 확인하는 것이 필요하다. 또한 인터넷 창업자는 해당 법률을 출력하여 모든 내용을 숙지하는 것이 필요하다. 창업자가 항상 조심해야 하는 것은 창업관련 법률의 위반인데, 특히 신규 창업자들의 경우에는 관련 법률을 너무 모른다는 것이다. 이에 따라 변호사, 공인회계사 혹은 세무사, 변리사 등과의 인맥형성 및 교류를 통해 창업자 본인이 반드시 알고 있어야 하는 법률들을 파악한 후에 로앤비에서 해당 법률을 전부 출력하여 읽어보는 것이 필요하다.

Internet Business

2

인터넷을 활용한 창업

최근 인터넷창업은 그 유형이 다양하고 점차 차별화되어 가고 있다. 또한 여러 분야의 기술 및 아이디어를 접목하여 퓨전화 그리고 융합화가 되어 가고 있는 실정이다. 이에 따라 독자들은 본장에서 설명하는 다양한 인터넷창업의 종류들을 살펴보면서 어떻게 융합하여 새로운 수익모델을 만들 것인가를 생각하는 것도 좋을 것이다.

1 인터넷쇼핑몰 창업

1.1 인터넷쇼핑몰 창업의 절차

예비창업자들이 가장 많은 관심을 갖고 있는 창업아이템 중의 하나가 바로 인터넷쇼핑몰 창업이라고 할 수 있다. 점포가 필요 없으면서 집에서도 창업을 할 수 있다는 점에서 선호하는 것이 사실이지만, 정작 인터넷쇼핑몰로 많은 돈을 벌고 있는 창업자들이 많지 않다는 것 또한 현실이다. 그렇기 때문에 인터넷쇼핑몰 창업은 쉽게 생각하고 뛰어들었다가는 너무나 빨리 좌절하고 실패할 수 있다는 것을 생각해야 한다.

앞장에서 강현순(2006)은 인터넷쇼핑몰 창업의 절차를 [그림 2-1]에서 5단계까지만 제시하였는데([그림 1-1] 참조), 본장에서는 제6단계를 추가하였다. 인터넷쇼핑몰을 오픈하고 운영을 하면서 정기적으로 성과를 점검하는 것이 필요하며 점검의 결과는

제1단계 창업 준비	아이템선정, 시장조사, 상품기획, 상품조달계획, 사업계획서 작성, 초도물품 구입
제2단계 쇼핑몰 구축	도메인 등록, 온라인상점 구축, 상품사진 촬영
제3단계 사업자 신고	사업자등록, 통신판매업 신고, 부가통신판매업 신고
제4단계 운영 준비	결제시스템 결정, 배송(물류) 선택
제5단계 쇼핑몰 오픈	검색엔진 등록, 광고전략 수립
제6단계 성과 점검	쇼핑몰의 성과점검 및 운영방향 개선

[그림 2-1] 인터넷쇼핑몰 창업의 절차

상위 단계로 피드백(feedback)이 되어 수시로 개선되어야 한다는 것이다. 또한 성과점검 단계에서는 쇼핑몰의 성과점검 및 운영방향 개선으로 세분할 수 있는데, 구체적인 내용은 아래와 같다.

(가) 쇼핑몰의 성과점검

인터넷쇼핑몰을 오픈한 이후 3개월 정도의 주기로 성과를 점검

하는 것이 필요하며, 다음과 같은 척도를 사용하여 조사해 볼 수 있다.

① 방문고객의 수

② 회원가입의 수

③ 매출의 증감 추세

④ 문의(질문과 답변)의 내용

⑤ 많이 판매되는 상품의 유형

(나) 운영방향 개선

인터넷쇼핑몰을 계획했을 때에 비하여 쇼핑몰의 성과가 부진하다고 판단될 때에는 아래의 사항에 대한 개선을 고려할 수 있다.

① 판매하는 상품의 변경

② 홍보 및 광고방법의 변경

③ 인터넷쇼핑몰 솔루션의 변경

④ 고객서비스의 개선

⑤ 쇼핑몰에서 진행할 수 있는 새로운 수익모델의 추가

⑥ 인터넷쇼핑몰의 폐쇄 여부 및 업종 전환

1.2 인터넷쇼핑몰의 개발방법

일반적으로 인터넷쇼핑몰의 운영은 직접구축 및 솔루션구

입/ASP서비스 이용의 2가지 방법으로 가능하다(홍성근, 김동희, 2003). 하지만, 창업자가 직접 인터넷쇼핑몰을 개발하는 것은 거의 불가능하며, 이에 따라 다양한 인터넷쇼핑몰 전문기업에서는 매월 일정액을 받고 인터넷쇼핑몰 창업에 필요한 모든 솔루션(solution)을 제공해 주고 있다. 즉, 인터넷 쇼핑몰 ASP(Application Service Provider) 서비스를 제공하고 있는 전문기업들을 통하여 인터넷쇼핑몰 창업을 하는 것이 편리한데, 현재 국내에는 아래의 전문기업들이 있다.

① 메이크샵(www.makeshop.co.kr)

② 카페24(www.cafe24.com)

③ 가비아(www.gabia.com)

④ 후이즈(mall.whois.co.kr)

⑤ 고도몰(www.godo.co.kr)

1.3 메이크샵의 주요 메뉴

메이크샵(www.makeshop.co.kr)은 국내 최고의 인터넷쇼핑몰 전문회사이며, 인터넷쇼핑몰을 만들기가 상당히 쉽다는 장점이 있다. 특히 메이크샵에 회원가입을 한 후에 아래의 메뉴들에 대한 사용방법을 배우면 3~5일 이내에 인터넷쇼핑몰을 만들 수 있다.

(가) 쇼핑몰 구축

① 쇼핑몰 기본정보 관리

② 쇼핑몰 완벽 보안서버 설정

③ 쇼핑몰 디자인 설정 시즌 2

④ 쇼핑몰 결제서비스 설정

⑤ 쇼핑몰 운영기능 설정

⑥ 쇼핑몰 관리기능 설정

⑦ 쇼핑몰 에스크로 설정

⑧ 내 쇼핑몰, 결제 시스템ID

⑨ 내 쇼핑몰 알리미

⑩ 내 쇼핑몰 방문자

⑪ VPN(인터넷전용회선)

(나) 상품관리

① 판매상품 기본관리

② 상품 바코드 관리

③ 상품별 추천(관련)상품 관리

④ 상품 조르기

⑤ 상품관리 부가기능

⑥ 등록상품 일괄관리

⑦ 옵션카페테리아(상품옵션)

⑧ 일시품절, 재입고 알림

⑨ 공급자 직배송 시스템 2.0

⑩ 신 이미지뱅크

⑪ BEE CUT/GIF (이미지 편집)

⑫ 상품상세 마법사_기린 2.0

⑬ 재고관리 시스템_셀피아

(다) 주문관리

① 일자별 주문조회

② 주문관리 및 배송관리

③ 장바구니 및 매출분석

④ 택배 연동 서비스

⑤ 현금영수증 관리

⑥ BEE BANK(자동입금확인)

⑦ 전자세금계산서 발행

⑧ 내 결제 시스템 현황 및 신청

⑨ 공급자 직배송 시스템

⑩ 택배박스 & 택배봉투

(라) 회원관리

① 회원관리

② 회원 쪽지 보내기

③ 출석체크 서비스

④ 문자(SMS) 발송/관리

⑤ 회원등급별 쇼핑몰 설정

⑥ 회원관리 프로모션

⑦ 왕대박 쿠폰 발행서비스

⑧ 종이쿠폰 발행서비스

⑨ 통합콜센터(CTI)

(마) 게시판/메일

① 게시판 관리

② 후기(QnA)+출첵 게시판 관리

③ 소리뷰 소셜리뷰 관리

④ 블로그 자동등록 서비스

⑤ 고객상담(CRM) 관리

⑥ 메일(웹메일) 관리

⑦ 프러스 메일 서비스

(바) 프로모션

① 쇼핑몰 프로모션 기능 선택

② 소셜쇼핑(엣지데이즈)

③ 트위터+트윗세일

④ 상품 퍼가기(소셜 네트워크)

⑤ 싸이월드 스크랩(공감)

⑥ 경매/공동구매 진열관리

⑦ M쇼핑 다이어리

⑧ 실시간 알리미서비스, 셀마

⑨ 샵프리 파트너

(사) 고객이벤트

① 쇼핑몰 이벤트 기능선택

② 프리미엄 비콘

③ 숨은 아이콘 찾기 이벤트

④ 쇼핑몰 이벤트/사은품 기능

⑤ 빅매치 이벤트

⑥ 앳티켓 쿠폰 서비스

⑦ 쉬운 기획전 서비스

⑧ 마켓 커넥티드

⑨ 소호 커넥티드

(아) 접속통계

① 접속통계

② 에이스카운터

③ 로그카운터

④ 쇼핑몰 성장 리포트

⑤ 내 쇼핑몰 지수

(자) 해외진출

① 해외판매 DGG

② 잉글리쉬 HTML

③ 메이크글로비

위의 메이크샵의 주요 메뉴들을 보면, 인터넷쇼핑몰을 만들기 위해서 사전에 배워야 할 것이 상당히 많을 것이라고 생각할 수 있다. 하지만, 메이크샵에서는 일반적으로 많이 운영하는 인터넷쇼핑몰을 기준으로 대부분의 기능을 미리 설정해 두었기 때문에 초보 창업자들도 쉽게 인터넷쇼핑몰을 만들어서 운영할 수 있다. 즉, 메이크샵에서 미리 설정한 기능들 중에서 일부만 변경한 후에 사용하면 되도록 되어 있다.

1.4 인터넷쇼핑몰 창업, 왜 실패하는가?

인터넷쇼핑몰 창업자의 거의 80%가 6개월을 기점으로 폐점하고 있고, 또한 실질적으로 매출을 올리는 인터넷쇼핑몰은 불과 10% 미만이라고 할 수 있는데, 이렇게 인터넷쇼핑몰 창업이 실패하는 이유에 대해서 강현순(2005)은 다음과 같은 5가지 이유를 지적하고 있다.

(1) 전반적인 지식부족

인터넷쇼핑몰 창업을 하는 데 있어서 많은 지식을 필요로 하고 있다. 예를 들어, 상품정보, 쇼핑몰시스템에 관한 이해, 고객에 대한 이해, 고객관리능력, 세금관련 업무, 마케팅 이해와 방법론, 사업의 흐름을 읽는 능력 등은 작은 기업을 운영하는 데에도 필요한 필수지식이라고 할 수 있다.

(2) 사업에 대한 스스로의 믿음 상실

사업을 진행하다 보면 계획에 없던 일들이 종종 발생하게 되며, 그때마다 문제점과 난관에 봉착하게 되지만, 문제가 있으면 반드시 해결책이 있기 마련이다. 사업은 창업자 스스로의 믿음에서부터 시작된다는 것을 생각해야 한다.

(3) 마케팅 활동부재

대부분의 회사들은 마케팅에 대한 계획 없이 사업에 임하게 된다. 그러나 마케팅이 없이 아무리 좋은 상품을 개발한들 시장에서 팔리질 않는다. 상품은 시장의 니즈(needs)에 의해서 나오게 되므로 마케팅은 회사의 필수 과정이며, 사업 시작 전에 반드시 점검해야 할 사항이다.

(4) 웹 기획에 대한 부족

지금의 사업 환경은 인터넷이며, 인터넷을 대표하는 것은 웹(web)이다. 즉, 웹 기획이란 웹 환경에 맞춰진 기획을 한다는 말과 같다. 사람들은 웹을 통하여 정보를 습득하고, 물건을 사고팔고, 기타 서비스들을 이용한다. 그러므로 고객의 행동양식이나 소비패턴을 파악하여 웹 기획을 해야만 고객의 접근을 쉽게 만들고, 서비스이용을 편리하게 만들어줄 수가 있다. 다시 말해 매출과 연관성이 크다는 말이다.

(5) 초기 아이템 선정에 대한 잘못됨

대부분의 사업실패 원인은 남의 것만 따라 하기 때문이다. 사업에 성공을 하려면 트렌드를 잘 읽어야 하고 고객이 될 소비자들이 무슨 생각을 하고 있는지, 외부환경이나 정책들은 어떻게 변화하고 있는지 등을 지속적으로 체크하고 분석해야 한다. 특히 사업아이템은 사업의 성패를 좌우하는 중요한 부분이니 구체적으로 짚고 넘어가야 할 부분이다.

1.5 인터넷쇼핑몰 창업의 성공전략 5가지

예비창업자가 소호(SOHO) 혹은 투잡스(two jobs) 형태로 인터넷쇼핑몰 창업에서 성공하기 위한 전략 5가지를 제시하면 다음과 같다.

(1) 구매력을 갖춘 목표고객을 설정하라.

구매력이 없는 고객은 아무리 많아도 소용이 없다. 그렇기 때문에 내가 운영하는 인터넷쇼핑몰을 어떤 고객을 대상으로 운영할 것인가를 결정해야 한다. 즉, 구매력을 갖춘 목표고객(target market)을 설정하고, 그 고객에 맞는 인터넷쇼핑몰을 구축해야 한다는 것이다.

(2) 종합쇼핑몰보다는 전문쇼핑몰로 승부하라.

목표고객들이 빈번하게 구매하는 상품을 중심으로 하되, 개별 품목에서 다양한 구색의 상품을 준비할 수 있도록 한다. 즉, 소호 혹은 투잡스 창업의 경우에는 주로 재택 형태로 1~2명의 인력이 운영하기 때문에, 너무 많은 종류의 상품을 취급하는 것은 오히려 쇼핑몰의 경쟁력을 약화시킬 수 있다.

(3) 브랜드 인지도를 높이도록 홍보를 강화하라.

브랜드 인지도를 높이며, 특히 충성도가 높은 고객을 많이 확보하도록 하도록 해야 한다. 이를 위해서는 회원관리프로그램 혹은 CRM(Customer Relationship Management, 고객관계관리) 솔루션의 도입이 절대적으로 필요할 것이다.

(4) 온라인 상담 및 A/S, 상품의 배송 서비스를 향상시켜라.

인터넷쇼핑몰 이용자들이 가장 불만족하는 온라인 상담 및 A/S, 상품의 배송 서비스를 강화시킨다. 단순 게시판 혹은 메일 상담 기능보다는 콜센터(call center) 혹은 화상상담 기능을 제공하고, 상품 배송과정에 대한 정보도 수시로 메일 혹은 문자메시지로 제공해야 한다. 최근에는 365일 24시간 불을 밝히고 고객 전화를 받는 온라인쇼핑몰 기업들이 많아지고 있는 실정인데, 온라인몰들이 반품서비스 경쟁에 이어 24시간 콜센터까지 무한 서비스 경쟁에 돌입한 지는 이미 오래되었다(디지털타임스, 2011. 5. 31).

(5) 음성과 동영상 서비스를 강화하라.

단순히 이미지 및 텍스트 중심의 쇼핑몰에서 현재 홈쇼핑 채널의 컨셉트를 최대한 도입한다. 즉, 음성 및 동영상 쇼핑몰의 구축을 통해서 실제 백화점에서 상품을 보면서 구매하는 것과 같이 현실감이 넘치는 쇼핑몰을 구축하는 것을 고려해야 한다.

한편, 강현순(2006)은 인터넷쇼핑몰 창업의 성공을 위한 8계명을 다음과 같이 제시하고 있다.

① 자기만의 차별화된 아이템으로 승부하라.

② 온라인 판매 전에 e-마켓플레이스(혹은 오픈마켓) 등에서 현장 경험을 충분히 쌓아라.

③ 컴퓨터 및 인터넷 실무지식을 습득한 후 창업하라.

④ 좋은 제품을 싸게 공급받을 수 있는 최상의 공급처를 확보하라.

⑤ 최선의 마케팅 기법은 신뢰임을 명심하라.

⑥ 빠른 배송과 포장서비스를 차별화하라.

⑦ 오프라인보다 더욱 더 친절히 대하라.

⑧ 구매자의 불평이나 질문을 피드백으로 삼아라.

1.6 인터넷쇼핑몰의 산업공학 적용

산업공학(industrial engineering)은 생산활동에 있어서 인력(人力) · 자재 · 설비 · 기술 · 자금 등의 종합적 시스템의 설계 · 개선 및 설정에 관한 문제를 다루는 기술 또는 개념의 체계라고 할 수 있는데(네이버 백과사전, 100.naver.com), 인터넷쇼핑몰을 개발 및 운영할 때에도 산업공학이 사용될 수 있다는 것이다. 즉, 쇼핑을 이끌어 낼 수 있는 색깔이나 버튼 혹은 고객에게 신뢰감을 줄 수 있는 디자인 등이 그 예라고 할 수 있다. 이에 대해 원승교(2006)는 인터넷쇼핑몰에서도 산업공학을 적용할 수 있다고 주장하면서, 구체적으로 다음과 같은 7가지 방법을 제시하고 있다.

(1) 설명은 감성적이고 자세할수록 잘 팔린다.

모든 쇼핑 사이트의 상품 설명 중에서 최악은 카탈로그의 상품 사양을 그대로 복사해 웹으로 올려놓은 것이다. 옥션이나 일부 컴퓨터 부품 판매 사이트에서 자주 볼 수 있는 광경으로 해당 제품에 대한 기술적인 정보만을 잔뜩 올려놓는다는 것이다. 정보통신 관련 기기나 전자제품의 경우 정확한 제품의 정보는 당연히 필수요건이지만, 그것보다 더 중요한 것은 바로 상품구입으로 인해서 얻을 수 있는 만족감, 감성적인 메시지, 그리고 풍부한 정보를 제공할 수 있도록 해야 한다는 것이다.

(2) 확대 이미지가 크고 선명할수록 효과적이다.

제품의 이미지 사진이 다양한 각도에서 가능한 한 큰 이미지로 나올수록 구매에는 탁월한 효과를 발휘한다. 어설픈 구도에 매끄

럽지 못한 색감, 엄지손톱만한 이미지의 크기로 상품의 앞뒤마저 분간하기 어려운 경우 구매를 돕기보다는 방해만 될 뿐이다. 컴퓨터의 CPU나 RAM과 같은 부품은 그 모양이 표준화되어 있고 작동만 된다면 대부분 그 외형은 어찌되어도 상관없다. 그러나 경매 사이트에서 직접 찍어 올린 사진이 있는 경우와 그렇지 않고 말로만 설명한 경우에는 그 낙찰가격의 차이가 큰데, 소비자의 입장에서는 보는 것이 믿는 것이라는 것이다. 더구나 오프라인 상점과는 다르게 온라인 상점에는 오로지 시각 하나뿐이라는 것을 생각해야 한다.

(3) 구매 완료까지의 과정이 짧을수록 좋다.

인터넷쇼핑몰의 첫 페이지에의 접속에서부터 구매과정을 거쳐서 구매 완료에 이르기까지의 총 마우스 클릭 수를 헤아려 보자. 마우스의 클릭이 10번이 넘어가면 위험하다. 고객에게 지루함을 주고 구매를 망설일 시간을 줄 수 있는데, 오프라인에서는 일단 시작하면 쉽게 멈출 수 없지만 온라인에서는 너무나 쉽게 스톱이 가능하다는 것을 명심해야 한다.

(4) 간결하게 만들고, 자주 정리하라.

백화점이나 일반 상점의 전시 구조는 6년에 1번 정도의 비율로

새 단장을 한다고 한다. 미국의 통계가 그렇다. 한국에서는 보통 계절별로 한번씩, 1년에 4차례 정도 디스플레이를 정돈하는 것처럼 보인다. 그러나 아마존닷컴(www.amazon.com)은 1년에 20차례의 비율로 즉 월 평균 1.6회의 간격으로 전시 구조 디스플레이 레이아웃을 갱신하고 있다. 연관 있는 상품별로 묶고 판매가 부진한 상품을 밀어 놓거나 제외해야 하며, 경쟁력 있는 상품은 앞에 진열하고 제대로 된 가격을 고객에게 요구하는 것이 좋다는 것이다. 이와 동시에 판매가 부진한 재고는 가격을 저렴하게 조절하여 빨리 판매를 하는 것이 좋을 것이다.

(5) 약점은 초반에 알려줘라.

상품을 선택하고 옵션을 결정해서 주소를 입력하고 신용카드 승인 신청을 하려는데 갑자기 제품 가격이 3,000원쯤 올랐다고 생각해 보라. 왜 그런 것인지 알아보니 구입 결정을 할 때에는 몰랐던 택배비용이 어느 순간에서인가 추가되었다는 것이다. 즉, 운영상의 단점을 반드시 미리 공개하여 고객에게 양해를 구하는 것이 중요하다는 것이다. 또한 배달이 불가능한 지역이 있는지도 미리 알려 주어야 한다.

(6) 고객이 이미 알고 있던 것을 판다.

인터넷쇼핑몰에서 가장 많이 판매되는 상품 가운데 하나는 컴퓨터와 그 부품들인데, 그것은 온라인으로 접속하고 있다는 것은 100% 컴퓨터를 보고, 알고, 만질 수 있는 위치에 있다는 반증이다. 즉, 온라인 구매는 비접촉 구매이며 고객은 모니터에 나타난 몇 가지 이미지와 설명을 통해서 상품을 상상하고 구매한다는 것이다. 그렇기 때문에 특별한 상품보다는 대중성 있는 제품이 잘 팔린다는 것이다.

(7) 그 노래는 제발 틀지 마세요.

인터넷쇼핑몰에서는 자동으로 음악이 흘러나오도록 사이트를 꾸며서는 안 된다. 고객은 의도하지 않은 작은 팝업 창 하나에 신경질적인 반응을 보일 수 있으며 그런 반응은 당연하다고 할 수 있다.

1.7 인터넷쇼핑몰 직접 만들기

인터넷쇼핑몰을 직접 만들기 위해서는 국내 주요 인터넷쇼핑몰 전문기업에서 실시하는 교육을 받으면 된다. 예를 들어, 메이크샵에서 운영하는 샵인사이드(www.shopinside.net)에서는 인터넷쇼핑몰 창업에 대한 온라인 및 오프라인 교육에 대한 정보를 제공하고 있으며, 카페24에서도 교육센터(edu.cafe24.com)의 운영을 통해 전국적으로 인터넷쇼핑몰 창업교육을 진행하고 있다. 가비아에서도 인터넷쇼핑몰 창업자들을 위한 교육(hosting.gabia.com/ec_hosting/education)을 진행하고 있으며, 후이즈는 후이즈 아카데미(study.whois.co.kr)를 통하여 인터넷쇼핑몰 창업교육을 진행하고 있다. 아울러 고도몰에서도 고도교육센터(edu.godo.co.kr)를 통하여 서울과 부산에서 인터넷쇼핑몰 창업교육을 진행하고 있다. 이러한 전문기업 외에도 다음(Daum)과 네이버(Naver)의 많은 창업관련 카페(cafe)에서도 인터넷쇼핑몰 창업교육을 진행하고 있다.

2 국내 오픈마켓 창업

2.1 오픈마켓 창업의 이해

오픈마켓(open market)은 개인 또는 소규모 업체가 온라인(on-line)상에서 직접 상품을 등록하여 판매할 수 있도록 한 전자상거래 사이트를 말한다(네이버 지식백과, terms.naver.com). 홈쇼핑이나 백화점 또는 대형마트 업체 등이 운영하는 일반적인 인터넷쇼핑몰과는 달리 오픈마켓에서는 제품 생산업체와 판매자 간의 중간 유통마진 없이 직접 구매자에게 제품을 판매할 수 있기 때문에 상품가격이 저렴하다는 장점이 있다. 오픈마켓의 대표적인 국내 사이트로는 G마켓, 옥션, 11번가 등이 있으며, 2008년 기준 이들 오픈마켓을 통해 판매된 상품의 규모는 7조 7,000억 원인 것으로 조사됐다. 국내 4대 오픈마켓은 다음과 같다.

① 옥션(www.auction.co.kr)

② G마켓(www.gmarket.co.kr)

③ 11번가(www.11st.co.kr)

④ 인터파크(www.interpark.com)

한편, 오픈마켓 창업자들은 인터넷쇼핑몰도 동시에 운영을 하는 것이 좋은데, 오픈마켓에서 상품을 판매하면서 궁극적으로는 창업자가 운영하고 있는 인터넷쇼핑몰 혹은 점포에 대한 홍보를 간접적으로 진행할 수 있기 때문이다. 장기적인 관점에서 보면 G마켓, 옥션, 11번가 등의 오픈마켓 고객들을 창업자의 인터넷 쇼핑몰에 접속하도록 하거나 점포를 방문하도록 하는 노력이 필요하다.

2.2 오픈마켓 창업의 문제점 및 고려사항

오픈마켓 창업은 쉽게 시작할 수 있으며, 심각한 손실이 없이 쉽게 빠져나올 수가 있다는 특징이 있다. 하지만, 오픈마켓 창업을 준비하고 있는 예비창업자들은 아래에서 지적된 문제들을 심각하게 고려해야 하며, 이에 대한 대책을 준비하는 것이 필요하다.

(1) 오픈마켓에서의 불법적, 비윤리적인 상행위 10가지

국내 오픈마켓(open market)의 시장규모는 2005년에 3조, 2006년에는 5조로 급속하게 성장하였고 현재에도 계속 성장하고 있는 실정이다. 또한 G마켓과 옥션 외에도 엠플, 동대문닷컴, GSe스토어, 다음온켓 등 다양한 형태의 오픈마켓들이 등장하면서 이제는 여러 대기업들도 오픈마켓시장에 뛰어들고 있다. 이에 따라 기존의 인터넷쇼핑몰과 홈쇼핑시장이 급속하게 축소되고 있는 반면에 오픈마켓은 날로 성장하면서 새로운 전자상거래 표준으로 자리잡아가고 있다.

하지만, 이러한 외형적인 성장 뒤에 오픈마켓의 미래를 어둡게 하는 불법적이고 비윤리적인 상거래행위들로 인해서 오픈마켓은 점점 더 혼탁하게 되어가고 있다. 한국의 인터넷 문화가 탈법, 불법, 음란, 퇴폐, 악플 등으로 인해서 인터넷강국이라는 위상을 점차 잃어버리고 있는 시점에서 오픈마켓마저도 비슷한 길을 걷고 있는 것 같아서 안타까움이 더하고 있다. 특히 국내 주요 오픈마켓에서의 불법적이거나 비윤리적인 상거래행위들을 살펴보면 다음과 같으며, 이러한 문제들에 대하여 신규 창업자들은 특히 유의해야 한다.

① 판매자가 여러 아이디를 이용하여 가격을 조작한다. 판매등급이 높을수록 다른 사람의 명의를 활용하여 여러 개의 판매자

아이디를 갖고 있는 경우가 많은데, 이를 활용하면 구매량을 부풀릴 수가 있으며 이로 인해 가격조작이 가능하다는 것이다. 이것은 특히 1,000원 경매에서 많이 발생하고 있으며, 이로 인해 결국 실제 소비자가 비싼 가격에 제품을 구매하도록 유도한다는 것이다.

② 고의로 사업자등록을 하지 않는다. 여러 개의 아이디를 이용하여 상품을 판매하면서 사업자등록을 하지 않는다는 것이다. 즉, 여러 개의 아이디로 상품을 판매하게 되면 매출을 분산시킬 수가 있다는 것이고 이로 인해 사업자등록을 하지 않는 경우가 매우 많은데, 이것은 대부분의 오픈마켓에서 상품을 등록할 때에 사업자등록을 요구하지 않는 데에도 그 원인이 있다고 할 것이다.

③ 고발, 식파라치(식품+파파라치의 줄임말) 등 경쟁판매자를 의도적으로 괴롭히는 경우도 많은 실정이다. 또한 경쟁자의 상품을 의도적으로 대량 구매 후 반품하기도 하며, 제품을 고의로 훼손한 후에 반품하는 경우도 허다하다. 이것은 경쟁자와의 선의의 경쟁보다는 경쟁자를 무너뜨리고 오직 자신만이 판매를 하겠다는 이기심에서 비롯된 것이라고 할 것이다.

④ 판매자의 등급을 조작한다. 친분이 있는 사람들끼리 허위로 구매 및 판매를 반복하게 함으로써 판매자의 등급을 조작함은 물

론 구매만족도까지 조작한다. 이를 통해서 실제 구매자의 구매를 쉽게 유도할 수 있다는 것이다.

⑤ 악플로 경쟁 판매자를 깎아 내린다. 상품판매자의 물품문의 게시판에 경쟁자의 상품을 비난하는 악플(惡+reply, 악성 답글)을 올려서 실제 구매자가 상품을 구매하는 것을 방해한다. 상품의 품질에 대해 의심스럽다거나 가격이 너무 비싼 것이 아니냐 등의 글을 올린다는 것이다.

⑥ 구매자가 배송사실을 속인다. 여러 개의 상품을 구매한 후에 일부 상품은 배송이 안 되었다고 하면서 다시 보내 달라고 요구하는 사례도 빈번하게 발생하고 있다. 사실, 여러 상품을 하나의 박스에 넣어서 배송하는 경우에 이러한 문제들이 발생하고 있다.

⑦ 사용 후 반품한다. 건강식품이나 화장품을 구매한 후에 완제품 상태가 아니라 사용 후 반품하는 사례들이 많다. 특히 유통기간이 짧은 경우에 판매자는 반품된 상품의 재판매가 불가능한 경우가 많다.

⑧ 경쟁자의 것을 무조건 베낀다. 경쟁자와 같은 상품을 판매하는 것은 물론 포토샵으로 작업한 상품이미지까지 베낀다는 것이다. 즉, 오픈마켓에서 등록된 상품이미지까지 훔쳐가는 경우가 허다한 실정이다.

⑨ 지나친 포토샵 작업으로 구매자를 현혹한다. 상품 이미지에 대해 포토샵 작업(뽀샵이라고도 함)을 너무 많이 해서 오픈마켓에 등록된 상품이미지와 실제 상품이 너무 다른 경우가 많다. 일명, 쓰레기 상품을 받게 되는 경우가 허다하다는 것이다.

⑩ 같은 상품도 가격을 달리하여 판매하여, 결국 판매가격을 높이는 사례들이 있으며, 정품이 아닌 짝퉁을 판매하는 경우가 많다는 것은 이미 널리 알려진 일이다. 또한 오픈마켓에서의 가격경쟁이 치열해지면서 외국에서 값싼 제품을 무차별적으로 수입하는 사례들이 넘쳐나고 있는데, 제품의 안전성이나 위험에 대한 검증도 제대로 받지 못한 경우도 많다는 것이다.

오픈마켓에서 상품을 판매하는 판매자들의 입장에서 보면, 소위 말하는 작전이라는 것이 필요하다고 항변하고 있다. 하지만, 얼굴을 보지 않고 거래를 해야 하는 온라인 시장이 발전하기 위해서는 건전한 상거래윤리가 필요하며, 이것은 판매자와 소비자 모두에게 요구된다고 할 것이다. 즉, 판매자에게는 창업자로서의 윤리가 그리고 소비자에게는 구매자로서의 윤리가 요구된다는 것이다.

(2) 오픈마켓 창업을 해서는 안 되는 이유 10가지

① 각종 수수료가 너무 비싸다. 상품등록과 판매를 위한 부가서비스 이용료, 판매수수료, 배송료, 포장박스 구입비용 등이 너무 비싸다는 것이다. 상품판매로 인한 세금까지 포함할 경우에 매출액의 약 30% 전후를 부담해야 한다는 것이다. 대부분의 판매자들이 너무 비싸다고 호소하고 있으며, 반품 혹은 환불로 인한 피해 역시 판매자의 몫으로 남게 된다.

② 불법적이고 비윤리적인 상술만 배우게 된다. 오픈마켓에서 매출을 많이 올리고 있는 판매자들의 상당수가 불법적이고 비윤리적인 방법을 사용하고 있다는 것은 널리 알려진 사실이다. 신규 판매자들도 기존 판매자들의 작전(불법적이고 비윤리적인 상행위를 지칭함)을 배우기 위해 열을 올리고 있는데, 이것은 소비자를 기만하는 행위라 할 수 있다.

③ 본업으로 할 수는 없다. 과연 오픈마켓 창업을 직장인들처럼 20~30년간 할 수 있는가에 대해서는 대부분의 판매자 역시 의문을 제기하고 있듯이, 직장생활을 포기하는 대신에 오픈마켓 창업을 본업으로 하기에는 무리가 많은 것이 사실이다. 고정된 수입이 보장되는 것도 아니고 근무하는 시간도 정해져 있지도 않다는 것이다. 즉, 투자 대비 수익성이 절대 부족하다.

또한 오픈마켓 창업을 함에 있어서 상품구입에 투자되는 금액은 얼마 되지 않는다고 하더라도 시간이 많이 소요된다는 것이다. 상품의 개발, 사진촬영, 상품등록, 판매 후 배송, 환불 등에 많은 시간이 투자된다는 것인데, 오픈마켓 판매자들의 95% 이상이 월 30만원을 벌기도 힘들다는 것이다.

④ 오픈마켓이 많아지고 있다. 최근 들어와서 오픈마켓이 우후죽순처럼 늘어나고 있는데, 판매자는 그만큼 여러 사이트에 상품을 등록해야 하고 관리를 하느라고 신경도 써야 한다. 또한 오픈마켓의 수가 증가하는 만큼 고객이 분산되고 있는데, 투자하는 시간에 비례하여 수익은 그만큼 적어질 가능성이 높다는 것이다.

⑤ 고객의 데이터를 별도로 관리하기가 어렵다. 인터넷쇼핑몰의 경우에는 고객들이 회원으로 가입하거나 상품 구매를 할 때마다 회원에 대한 정보가 데이터베이스화되기 때문에 관리가 편리하고 별도의 마케팅이 가능하지만, 오픈마켓에서는 고객에 대한 데이터베이스의 관리가 매우 어렵다는 것이다. 기존 인터넷쇼핑몰에서 가능한 이메일 마케팅은 물론 타겟마케팅(혹은 표적마케팅)이 거의 불가능하다는 문제가 있으며, 소위 말하는 내 회원에 대한 차별적인 마케팅 활동이 매우 힘들다고 할 수 있다.

⑥ 오픈마켓에서는 구매자를 위해 판매자를 희생시킨다. 현재 대부분의 오픈마켓에서는 구매자 중심의 오픈마켓을 운영하고 있어서 판매자는 상대적으로 불리한 조건에서 판매를 하게 된다.

판매자와 구매자 간에 분쟁이 발생했을 때에 오픈마켓에서는 구매자만의 입장을 고려하는 경향이 강하기 때문에 판매자들이 일방적으로 손해를 볼 수 있는 문제가 있다는 것이다.

⑦ 국민에게 해외의 저질 싸구려 상품을 판매한다. 오픈마켓의 가장 심각한 문제점은 해외의 싸구려 제품들이 무차별적으로 수입되어 판매되고 있으며, 국적도 모르고 제품의 품질 혹은 성능이 제대로 검증되지 않은 불량품들이 판을 치고 있다는 것이다. 이로 인해 국내 중소제조기업의 붕괴를 가져올 수도 있다는 것이다.

⑧ 떠날 때에는 빈손이다. 오픈마켓에서 아무리 장기간 판매를 해도 떠날 때에는 아무 것도 가져가지 못한다는 것이다. 고객에 대한 데이터베이스, 판매데이터, 콘텐츠 등 모든 것을 두고 떠나야 한다는 것이다. 물론 수작업으로 일부 자료를 관리할 수는 있지만, 오랜 기간 동안 판매를 하여도 판매자의 것은 아무 것도 없는 빈털터리가 될 수 있다.

⑨ 한 푼도 받지 않고 공짜로 일한다. 조금은 비약이 심하다고 할 수 있지만, 오픈마켓 창업자들은 오픈마켓을 위해 수많은 상품사진, 자료 등 좋은 콘텐츠를 제공하고도 상품판매가 되지 않을 경우에는 한 푼도 받지 못하는 무임금 노동자가 될 수 있다는 것이다. 더구나 최근에 대부분의 오픈마켓이 상품판매 매출이 높은

판매자들에게 절대적으로 유리한 방식으로 운영하기 때문에 판매 경험이 부족한 창업자들은 오픈마켓에 상품등록을 통한 콘텐츠를 무상으로 제공하는 무임금 노동자의 신세로 전락할 수 있다.

⑩ 비정상적인 생활을 해야 한다. 많은 오픈마켓 창업자들은 밤늦은 시간까지 일을 하게 된다는 것이다. 아울러, 오픈마켓의 특성상 1년 365일 하루 24시간 동안 판매에 신경을 써야 한다는 것인데, 40대 이상의 창업자들에게는 건강에 문제를 일으킬 수 있다. 즉, 생활리듬이 흐트러져서 자칫하면 건강을 해칠 수 있다.

위에서 오픈마켓 창업을 하지 말아야 할 10가지 이유를 제시하였는데, 일부 5% 미만의 판매자 외에 대부분의 판매자들은 시간당 1,000원의 수익도 올리지 못하고 있는 상황이라는 것이다. 날로 치열해가는 경쟁 환경과 가격경쟁에 치중하는 레드오션(red ocean)적인 오픈마켓의 판매환경에서 벗어나 오픈마켓에서도 자신만의 블루오션(blue ocean)적인 창업환경을 만들어 가는 것이 절대적으로 필요하다고 할 것이다.

2.3 오픈마켓 창업의 준비

국내 4대 오픈마켓에서 창업을 하기 위해서는 몇 가지의 준비가 필요하다. 첫째, 옥션 판매자교육센터(ecenter.auction.co.kr), G마켓 판매자 교육센터(www.gmarket.co.kr/ecenter), 11번가 판매자 서비스센터(seller.11st.co.kr), 인터파크 판매자센터(www.interpark.com/malls/seller_center/edu_guide.html)에서 진행하는 오픈마켓 창업교육에 참석해야 하다.

둘째, 옥션의 상세정보, G마켓의 상품정보, 11번가 및 인터파크의 상품 상세정보에서 보여지는 상품이미지들을 등록할 이미지 호스팅(image hosting) 사이트가 준비되어야 하는데, 일반적으로 이미지 호스팅 사이트는 매월 일정비용을 지불하고 사용하면 된다. 예를 들어, 셀리안(www.sellian.com)에서는 계정용량에 따라 슬림형, 스탠다드형, 프리미엄형, 플레티넘형의 4가지 유형으로 이미지 호스팅 서비스를 제공하고 있다. 다음(Daum)과 네이버(Naver) 등의 포털사이트에서 이미지 호스팅을 검색하면 자세한 정보들을 알 수 있다.

셋째, 오픈마켓 내에 창업자의 상점(스토어, store)을 만들어서 운영하는 것이 필요하다. 예를 들어, 옥션의 스토어(store) 혹은 G마켓의 판매자 미니샵은 창업자의 개인매장이며, 판매자가 등록한 전체 상품을 한눈에 쉽게 볼 수 있다.

3 이베이(eBay) 창업

이베이(www.eBay.com)는 세계 최고의 전자상거래 사이트이며, 중학생 수준의 영어실력이면 누구나 창업을 할 수 있다. 또한 옥션과 비슷한 점들이 많기 때문에, 평소에 옥션을 이용하는 사람이면 쉽게 이베이에 상품을 등록하고 판매할 수 있다.

3.1 이베이 창업을 위한 회원가입의 6단계

이베이(eBay) 회원으로 가입하는 방법은 먼저 영어에 대한 두려움이 없고 영어로 인해 당황하지 않으면 2시간 정도면 충분히 가입을 할 수 있다. 또한 이베이의 회원가입은 초보창업자들이 하기에는 상당히 복잡하면서도 조금씩 변경되는 부분이 있기 때문에, 별도의 서적을 구입하는 것이 필요하다. 이베이 창업자에게 추천하고 싶은 서적은 다음과 같다.

① 조유신, 이베이에서 10억 벌기, 휴먼하우스

② 권영설, 친절한 이베이 창업 운영 가이드, e비즈북스

③ 민승기, 이베이와 함께 세계시장으로, 해외문화

이베이에서 상품을 판매하기 위해 회원가입을 하는 구체적인 절차는 위에서 소개한 책들을 참고하기 바라며, 아래에서는 개략적인 절차를 6단계로 설명하기로 한다.

(1) 이베이(www.eBay.com)에 회원가입을 하는 방법

① 이베이 첫화면에서 [register]를 클릭하여 회원가입을 하면 이메일로 회원인증 메일이 발송되는데, 인증메일에서 [Activate Now]를 클릭하여 회원가입 확인절차를 완료한다.

② 앞에서의 회원가입은 상품구매만 가능하며, 판매가능한 회원이 되려면 'My Account'에 추가적으로 Seller Account를 만들고 PayPal Account와도 연결해야 한다.

(2) 페이팔에 회원가입하는 방법

① 페이팔(www.paypal.com/kr)에 접속한다.

② 페이팔에 회원등록을 한 후에 2가지를 더 진행해야 한다.

i) 페이팔 계정이기도 한 이메일 주소를 확인하는 과정이 있다.

ⅱ) PayPal Account를 연결한 후 페이팔에 등록한 신용카드 인증과정까지 마쳐야 상품을 등록할 수 있다.

③ 신용카드 인증을 위해서는 페이팔 인증코드 4자리 숫자를 입력해야 된다.

④ 페이팔 인증코드는 핸드폰으로 사용내역서를 받는 경우가 있고, 해당 신용카드사의 웹사이트에 접속해서 확인할 수도 있으며, 유선으로 신용카드 상담원에게 문의할 수도 있다.

(3) 이베이 셀러 계정 만들기

① Seller Account는 이베이에서 발생한 등록수수료, 낙찰수수료 그리고 판매관련 솔루션 사용의 수수료를 정산하는 공간이다.

② Seller Account의 생성을 위해서는 신용카드를 등록해야 한다.

③ 이베이에 'Paypal Account'를 연결한 후 페이팔에 등록한 신용카드 인증과정을 마쳐야 상품을 등록할 수 있다.

(4) 이베이와 페이팔 계정을 연결하기

① 'Paypal Account'를 이베이와 연결하기 위해서는 이베이 계정에서 'Link My Paypal Account'를 클릭해서 페이팔로 접속하는 과정이 필요하다.

② [My eBay] – [Account] – [Link My Paypal Account]를 클릭

하여 진행한다.

(5) 페이팔을 통한 셀러수수료 자동결제

① 이베이에서 발생한 수수료 등을 페이팔에서 결제하도록 약관에 동의하는 과정이다.

② [My eBay] – [Account] – 'Sign Up Today' 버튼을 클릭하여 진행한다.

(6) 페이팔에 신용카드 인증하기

① 페이팔(www.paypal.com)에 로그인을 한다.

② 'Confirm my debit or credit card'를 클릭하여 진행한다.

앞에서 개략적으로 설명한 이베이(eBay) 창업을 위한 회원가입의 6단계를 진행하기 위해서는 몇 가지의 준비가 필요한데, 구체적인 내용은 다음과 같다.

① 신용카드(VISA 혹은 MASTER)가 반드시 필요하다.

② 이메일 주소가 있어야 한다.

③ 한글 이름, 주소 등을 영어 이름, 주소 등으로 번역해야 한다.

3.2 이베이 창업자가 알아야 하는 실무지식

이베이(eBay) 창업자는 먼저 어떤 판매방법으로 상품을 판매할 것인가에 대해 생각해야 하는데, 상품의 종류와 가격대에 따라 차별적인 판매방식을 적용하는 것이 더 유리하다는 것이다. 예를 들어, 현재 국내 점포에서 고급제품과 저가제품은 분명 점포의 위치도 다르고 분명히 차별적인 방식으로 판매가 되고 있는 실정이다.

(1) 이베이에서의 기본적인 상품판매 방식

이베이의 기본적인 판매방식은 경매(online auction), 고정가(fixed price), 스토어(store) 판매의 3가지로 구분할 수 있는데, 최근 스토어(store)의 운영방법이 조금 달라졌다. 또한 이베이에서는 경매나 고정가로 상품을 등록하고 이를 통해 바이어들을 셀러의 스토어(store)로 유도하는 전략이 가장 일반적인 판매방식이다(권영설, 2009). 즉, 이베이 창업의 핵심은 스토어(store)의 운영이라고 할 수 있다.

한편, 이베이에서는 스토어(store) 및 피드백 점수에 의한 다양한 제약조건들을 완화시키고 있는데, 자세한 내용은 Rules & policies(pages.ebay.com/help/policies/overview.html)에서 검색을 통해 확인할 수 있다. 즉, 최근 이베이에서는 회원가입만 하면 피드백 점수에 상관없이 이베이의 다양한 기능들을 활용할 수 있도록 허용하고 있다.

(가) 경매방식

① 판매를 처음 시작하는 셀러가 경매를 진행할 수 있는 개수는 1개이다.

② 한번에 여러 물품을 등록하기 위해서는 이베이에 가입한 지 14일 이상이 지나야 하며, 피드백 점수가 10점 이상이어야 한다.

(나) 고정가 판매

① 고정가 판매로 등록하면, [Buy It Now] 아이콘이 나타난다(권영설, 2009).

② 해당 상품의 판매 수량을 한 개로 등록할 때에는 피드백 점수가 5점이 되어야 고정가 판매가 가능하다.

③ 해당 상품의 판매 수량을 여러 개로 등록할 때에는 피드백 점수가 15점이 되어야 고정가 판매가 가능하다.

(다) 스토어 판매

① 스토어(store) 방식으로 등록한 상품의 경우에는 바이어의 검색 결과에 노출되기는 어렵고, 대부분의 경우 셀러가 등록한 다른 상품을 통해서 스토어로 들어와야 볼 수가 있다.

② 스토어에는 종류, 색상, 사이즈별로 모든 상품을 등록한 다

음 그 중 한두 가지 상품만 경매(online auction)로 진행하여 특정 색상이나 사이즈를 찾는 바이어를 스토어로 유도하는 방식이 좋다.

위에서 이베이 판매방식의 핵심인 경매(online auction), 스토어(store), 고정가(fixed price)에 대해 설명을 하였는데, 초보 창업자의 경우에는 한꺼번에 동시에 진행을 할 수가 없다. 즉, 초보 창업자는 1개의 상품 판매부터 시작하여 피드백(feedback) 점수를 쌓아야 하며, 아래에서 설명할 이베이 판매방식의 확장도 마찬가지로 일정한 피드백 점수가 있어야 가능하다는 특징이 있다.

(2) 이베이에서의 확장된 판매방식

이베이에서는 앞에서 언급한 기본적인 상품판매방식 외에도 다양한 판매방식이 있는데, 경매(online auction), 스토어(store), 고정가(fixed price) 판매와 혼용하여 활용하면 상품을 더 많이 판매하는 데 도움이 된다.

(가) 가격 흥정방식

① 가격 흥정방식은 바이어가 셀러에게 구매를 희망하는 가격을 제시한 후에 셀러의 선택에 의해 거래가 이루어지는 거래방식을 말한다.

② Best Offer로 상품을 등록하면 [Buy It Now] 하단에 셀러가

가격흥정에 응하고 있다는 [Best Offer] 표시가 나타난다.

(나) 최저낙찰가 설정 경매(Auction + Reserve Price)

① 셀러가 원하는 가격 이하에는 판매되지 않도록 최저낙찰가격을 설정할 수 있다.

② 상품을 등록할 때에 'Reserve Price'를 설정하면 된다.

(다) 즉시 구매도 가능한 경매(Auction with Buy It Now)

① 피드백 점수가 5점이 되어 고정가 방식으로 판매 가능하게 되면 경매방식에 즉시 구매가 가능한 고정가격을 추가할 수 있다.

② 초보 창업자들이 이베이 창업을 배울 때에 사용해볼 만한 방법이다.

(라) 다수 수량 경매(Auction + Multiple Items)

① 한번에 여러 개의 수량을 등록해서 판매를 할 수 있다.

② 피드백 점수가 15점 이상이면 자격이 주어진다.

(3) 이베이 상품판매시의 수수료

이베이 상품판매에서 발생하는 수수료에 대해서는 Help 메뉴에서 'Fees for selling on eBay'를 검색하면 자세하게 확인할 수 있다. 혹은 이베이(http://pages.ebay.com/help/sell/fees.html)에서도 직접 확인할 수 있다.

(가) 이베이 등록수수료(Listing Fee)

경매의 시작가와 스토어의 즉시구매가에 따라 다른 수수료 체계를 갖고 있는데, [HELP] 메뉴에서 'Fees for selling on eBay'를 찾아보면 자세하게 설명되어 있다.

① 경매: 경매 시작가(starting price)에 의해 등록수수료가 결정된다.

② 스토어: 경매방식과 동일하며, 상품의 가격에 따른 등록수수료를 차등 적용한다. 스토어에 상품을 등록할 때에는 등록가격이 최소한 $1 이상이어야 한다.

③ 고정가 판매: 상품의 가격과 수량에 상관없이 $0.50이며, 일부 상품은 $0.15이다. 프리미엄 스토어(Premium Store)를 사용하는 경우에는 $0.05이다.

(나) 낙찰수수료(Final Value Fee)

낙찰수수료는 최종적으로 판매된 가격에 부과하는 금액이며, 판매 금액 및 상품의 카테고리에 따라 다른 수수료를 적용하는데(권영설, 2009), [HELP] 메뉴에서 'Fees for selling on eBay'를 찾아보면 자세하게 설명되어 있다.

① 경매: 상품의 판매가에 구간별로 다른 수수료를 적용하여 합산한다.

② 스토어: 상품의 판매가에 구간별로 다른 수수료를 적용하여

합산한다.

③ 고정가 판매: 상품 판매가의 구간별, 카테고리별로 다른 수수료를 적용하여 합산한다.

(다) 페이팔 수수료(PayPal Fees)

① 페이팔 수수료는 돈을 받는 사람에게 부과된다. 즉, 페이팔 결제시 돈을 결제하는 바이어는 수수료가 없다. 하지만, 돈을 입금받는 셀러에게 수수료가 붙는다(온라인 무역전문 블로그, tradekorea.tistory.com).

② 낙찰수수료와는 달리 결제 받은 금액 전체에 대해 수수료가 부과되므로, 상품이 판매된 금액 이외에 배송비도 합산해서 계산해야 한다.

(라) 이베이 추가 옵션 수수료(Optional feature fees)

이베이 판매에서는 마케팅 또는 프로모션과 관련해서 발생하는 수수료가 있는데, 이러한 옵션 수수료는 상품등록시 추가적인 기능의 사용과 이베이 검색에서 보다 많이 노출되기 위해서 또는 검색 결과에서 보다 눈에 띄기 위한 옵션의 사용에서 발생한다.

① Reserve Fee: 경매방식으로 상품을 등록할 때 최종 입찰금액이 셀러가 원하는 금액에 이르지 못하는 상황에서, 상품이 판매되지 않는 Reserve 기능의 사용에 부과되는 수수료이다.

② 경매방식에 즉시구매가 추가 설정: 경매방식에 즉시구매를

할 수 있는 가격을 추가로 설정하게 되면 수수료가 발생한다.

③ 여러 수량 경매: 여러 수량 경매의 등록수수료는 등록한 상품의 총 가격을 기준으로 한다.

④ 리스팅 업그레이드 수수료

i) 상품을 등록할 때에 추가적인 옵션을 선택할 경우, 상품 노출에 여러 가지 효과를 줄 수 있다.

ii) 상품등록시 추가적인 수수료를 지불하고 리스팅을 업그레이드를 한 경우라면 등록하기 전에 해당 상품이 검색 결과에서 어떻게 보이는지 확인할 수 있다(조유신, 2011).

iii) 예를 들어, 리스트의 상품사진에 마우스를 오버하면 큰 사진을 표시해 주는 옵션, 주제목 아래에 부제목의 표시, 상품의 등록시간을 예약 설정해 주는 옵션, 상품 리스트 주위에 테두리를 표시해 주는 기능 등을 사용할 때를 말한다(권영설, 2009).

(4) 피드백 (feedback)

피드백(feedback)은 각각 상호간의 거래 만족도를 평가하는 제도이다. 바이어는 셀러에게 positive(+1점), negative(−1점), neutral(0점)의 피드백을 줄 수 있으며, 셀러는 바이어에게 positive(+1점)만 줄 수 있다.

(가) 피드백의 개요

[그림 2-2]는 셀러 아이디 우측의 피드백 점수를 클릭했을 때 보이는 페이지이다. 이를 통하여 셀러의 판매현황 및 만족도를 분석해 볼 수 있다. 예를 들어, 지난 1년간 포지티브(positive)를 받은 비율은 99.1%이며, 1달, 6개월 및 1년간의 바이어가 평가한 거래만족도에 따른 상품판매의 건수를 확인할 수 있다.

(나) 피드백 코멘트

Feedback Profile에서 'All Feedback'을 클릭하면 자세한 피드백의 내용을 볼 수 있다. 즉, 상품을 구매한 바이어들이 남긴 코멘트 등 구매후기들을 확인할 수 있다.

(다) 피드백 점수 및 레벨

[그림 2-2]에서 보듯이 피드백 점수 옆에는 별 모양의 아이콘이 있는데, 셀러의 피드백 점수에 따라 별의 색상이 달라진다.

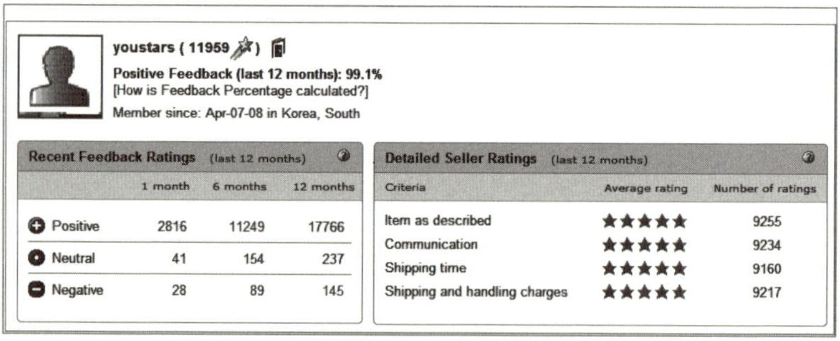

[그림 2-2] 셀러의 피드백 점수

(라) 피드백의 활용

이베이에서 피드백은 아래의 목적으로 활용될 수 있다.

① 창업자 및 경쟁판매자에 대한 판매현황과 거래 만족도를 파악할 수 있다.

② Recent Feedback Ratings의 분석을 통해 창업자 및 경쟁판매자의 수익을 추측할 수 있다.

③ Feedback as a seller를 클릭했을 때에 Date/time 아래에 나타나는 View Item의 분석을 통해서 창업자 및 경쟁판매자의 상품 중에서 어떤 상품이 많이 판매되고 있는가를 분석할 수 있다.

(5) 이베이에서 판매한 상품의 해외배송

(가) 우체국 해외배송의 종류

① 소형포장물(Small Packet): 배송기간이 길며 화물의 위치 추적이 불가능하다는 단점이 있다. 하지만, 대부분의 이베이 창업자들은 소형포장물로 상품을 배송한다.

② 서장(書狀): 특정인에게 보내는 통신문을 기재한 우편물과 봉합한 통상 우편물이다.

③ EMS(Express Mail Service, 국제특급우편): 신속성과 행방 조회가 가능하다.

④ EMS 프리미엄(Premium): 국제특송 서비스를 말한다.

(나) 국제우편의 배송비

국제우편의 배송비는 국제소포의 종류와 배송국가 그리고 무게까지 포함한 세 가지 기준으로 책정된다.

위에서 이베이에서 판매한 상품의 배송방법에 대해 살펴보았는데, 일반적으로는 소형포장물로 보내게 된다(권영설, 2009). 자세한 것은 우정사업본부(www.koreapost.go.kr)의 국제우편에 보면 구체적인 요금이 제시되어 있다.

4 카페(cafe)를 활용한 전자상거래 창업

4.1 카페로 전자상거래 창업을 하기 위한 단계

일반적으로 카페(cafe)는 다음 카페(cafe.daum.net) 및 네이버 카페(cafe.naver.com)의 2가지가 있는데, 카페를 활용하여 전자상거래를 할 수 있는 단계는 아래와 같다(김영문, 2012). 이미 저자가 2012년에 '카페(cafe)로 창업하기'를 출판했는데, 카페를 활용한 전자상거래 창업에 관심이 있는 창업자들은 위 서적을 참고하면 좋을 것이다.

1단계: 카페(cafe) 만들기

2단계: HTML 및 포토샵을 활용하여 카페(cafe) 꾸미기

3단계: 카페(cafe)에 콘텐츠 등록하기

4단계: 카페(cafe) 회원 증가시키기

5단계: 카페(cafe)로 다양한 수익모델 만들기

6단계: 카페(cafe)로 전자상거래 하기

위에서 보듯이, 카페로 전자상거래를 하기 위해서는 1단계에서 5단계까지의 과정이 먼저 이루어져야 한다. 즉, 카페를 제대로 만들고, 어느 정도의 회원을 가입시킨 후에 다양한 수익모델을 기반으로 전자상거래를 하는 것이 필요하다.

4.2 카페에서의 수익모델 개발하기

카페(cafe)를 활용하여 전자상거래 창업을 하기 위해서는 먼저 카페에서 어떤 방법으로 수익을 올릴 수 있는지를 알아야 한다. 즉, 카페에서 가능한 수익모델(business model)을 개발한 후에 시뮬레이션을 통해 성공가능성을 분석해야 하는데, 일반적으로 카페에서 수익을 올릴 수 있는 방법들은 다음과 같다.

(1) 모임, 행사 및 교육 수입

카페의 성격에 맞는 다양한 모임, 행사 및 교육의 개최로 인한 수입을 생각할 수 있는데, 특히 교육으로 인한 수입이 가장 큰

부분을 차지할 수 있다. 그렇기 때문에 카페를 통하여 창업을 하려고 한다면, 다양한 교육 프로그램의 운영이 가능한가를 확인해야 한다. 카페지기는 특히 아래의 사항을 점검해야 한다.

① 직접 운영이 가능한 교육 프로그램의 수

② 교재의 개발 및 강사의 조달

③ 교육장 및 기자재의 확보

④ 교육장에 가기 위한 교통의 편리성

⑤ 카페지기가 직접 강의할 수 있는 교육 프로그램의 수

또한 카페에서 진행하는 모임과 행사도 수익을 창출하기 위한 방법으로 운영이 가능한데, 회원들이 오프라인에서의 상호 교류를 통해 카페에 대한 충성도를 높일 수 있도록 하는 것이 중요할 것이다. 또한 다른 카페에서 진행하고 있는 다양한 모임과 행사들을 벤치마킹하여 수익성을 높일 수 있는 방법을 찾아보는 것도 필요하다.

한편, 모임, 행사 및 교육을 개최함에 있어서 아래의 사항들에 대한 점검이 필요한데, 카페지기 혼자서 모든 모임, 행사 및 교육을 진행하기보다는 제휴 혹은 연합하여 진행하는 것이 더 유리할 수 있다.

① 어떤 모임, 행사 및 교육을 직접 운영할 것인가?

② 어떤 모임, 행사 및 교육을 제휴하여 진행할 것인가?

③ 카페의 회원이 증가함에 따라 지역별로 어떤 모임, 행사 및 교육을 진행할 수 있는가? 즉, 기존 프랜차이즈 본사와 가맹점의 관계처럼 전국적으로 모임, 행사 및 교육의 진행이 가능한가를 점검해 보는 것이 필요하다.

(2) 홍보 및 광고 수입

카페에서 진행할 수 있는 홍보와 광고는 다양한데, 회원의 수 및 방문자의 수가 많으면 많을수록 수입이 더 많아진다. 예를 들어, 맛따라 길따라(cafe.daum.net/mattgil) 카페의 경우에는 지역 여행사들의 여행상품들을 단순히 홍보해 줄 수도 있고, 직접 여행객들을 모집하여 수익을 올릴 수도 있을 것이다. 한편, 카페에서 홍보 혹은 광고를 진행할 수 있는 방법들은 아래와 같다.

① 전체 메일 혹은 쪽지 발송을 통한 홍보 지원

② 카페 메인에 광고 배너의 등록 및 HTML 링크 제공을 통한 홍보 지원

③ 외부 모임, 행사 및 교육에 대한 홍보 지원

④ 전용 게시판의 개설 및 카페지기의 설정을 통한 홍보 지원

⑤ 언론보도 및 웹사이트를 활용한 홍보 지원

(3) 카페에서 상품 판매 및 방법

카페에서도 상품의 판매가 가능한데, 이를 위해서는 몇 가지의 방법이 있다. 다만, 카페에서 상품을 판매하는 경우에 사업자등록은 물론이고 통신판매업 신고를 해야 한다.

① [상품등록 게시판]을 추가하여 상품을 등록하여 판매하면 되는데, 구매 고객들은 실시간 계좌이체, 신용카드, 무통장 입금의 3가지 방법으로 결제를 할 수 있다.

② 일반게시판을 활용하여 상품을 등록한 후에 은행계좌로 송금을 받는다. 이 경우에는 신뢰성에 문제가 있을 수 있기 때문에 권장하지는 않는다.

③ INIP2P(www.inip2p.com)를 활용한 상품판매의 방법이 있는데, 일반게시판에 상품이미지를 등록한 후에 INIP2P 결제 솔루션을 설치하여 결제하도록 하는 방식이다. INIP2P를 활용한 전자상거래에 대해서는 다음 5.에서 설명하기로 한다.

(4) 컨설턴트 및 강사 수입

카페를 운영하면서 모임, 행사 및 교육을 진행하고, 이러한 활동들이 전국 언론에 보도되면서 다양한 분야의 컨설팅을 의뢰 받게 된다. 또한 외부기관에서도 강사로 초청받게 되는데, 이를 통하여 추가수입을 확보할 수 있다. 컨설팅 및 강사로 활동하면서 부가적인 수입을 확보하기 위해 생각해야 할 것들은 아래와 같다.

① 컨설팅을 수행할 수 있는 전문적인 이론 및 실무지식을 갖추어야 한다.

② 현장을 직접 방문하면서 다양한 사례들을 벤치마킹하는 것이 필요하다.

③ 강사로서의 강의능력, 교재 제작능력 등을 갖추어야 한다.

④ 다양한 기관 및 단체와의 인맥을 형성하는 것이 중요하다.

⑤ 카페지기가 브랜드가 되고, 브랜드의 가치를 높이는 다양한 활동을 해야 한다.

예를 들어, 삼성전자의 애니콜(anycall)이라는 브랜드가 어떤 활동을 하면서 가치를 높이고, 그 결과로 고객들이 믿고 휴대폰을 구매하게 되는지를 생각해봐야 한다. 또한 한경희스팀청소기(www.ihaan.com)라는 브랜드가 어떤 활동을 통해서 주부들이 믿고 제품을 구매하게 되는가를 분석해 보는 것도 좋을 것이다.

또한, 컨설턴트 및 강사로 활동하면서 수입을 올리기 위해서는 다음(Daum)과 네이버(Naver)에 카페를 개설하여 운영하는 것 외에도 다음과 같은 활동이 부수적으로 필요하다.

① 트위터 및 페이스북과 같은 SNS 사이트에서 활동한다.

② 단체 혹은 모임을 만들어서 운영하는 것도 도움이 된다.

③ 가끔은 언론에 보도될 수 있는 자료들을 만들어서 기자들에

게 배포한다.

④ 전문서적을 집필하는 것은 자신의 전문성을 인정받는 데 도움이 된다.

⑤ 동영상 강좌(UCC)를 제작하여 주요 사이트에 등록하는 것도 좋다.

한편, 컨설턴트 및 강사로 활동하기 위해서 다양한 자격증을 취득하는 것도 생각할 수 있는데 창업분야의 주요 자격증을 소개하면 다음과 같다.

① 사단법인 한국소상공인컨설팅협회(www.kmconsultant.or.kr)에서는 소상공인지도사 자격증을 발급하고 있는데, 80시간의 교육 및 시험으로 1급, 2급 자격증을 수여하고 있다(매일경제, 2011. 1. 7).

② 가맹거래사 자격증이 있는데, 가맹거래사는 프랜차이즈 분야의 유일한 국가자격증이다(이데일리, 2011. 5. 25). 가맹거래사는 2002년 5월에 제정된 "가맹사업거래의 공정화에 관한 법률"에 의거하여 2003년부터 자격시험을 실시하고 있으며, 2007년 8월의 법 개정으로 인해 자격명이 '가맹사업거래상담사'에서 '가맹거래사'로 그 명칭이 변경되었다. 즉, 가맹거래사는 프랜차이즈 창업분야의 국가자격증이라고 할 수 있으며, 가맹거래사는 가맹사업의 사업성 검토, 가맹사업 당사자의 교육 및 훈련, 정보공개서와 가맹계약서의 작성 및 수정에 관한 상담이나 자문, 분쟁조정 신

청대행, 정보공개서 등록신청대행 등 가맹사업 전반에 대한 경영 및 법률서비스를 제공하는 전문가를 말한다.

③ 경영지도사 자격증이 있는데, 경영지도사는 중소기업의 경영진단 및 지도, 업무대행, 조사, 평가 등의 업무를 수행하는 전문인을 말한다. 다시 말해 중소기업 경영에 필요한 전반적인 사항을 종합적으로 조사 및 분석하여 기업에 대한 진단과 평가, 개선방안을 제공하는 전문가다(내일신문, 2011. 4. 4). 또한 경영지도사는 "중소기업진흥 및 제품구매촉진에 관한 법률"에 규정된 자격제도이며, 경영지도사 자격시험은 1년에 한번 (사)한국경영기술지도사회(www.kmtca.or.kr)에서 주관한다. 경영지도사는 1차 시험(중소기업관련법령, 회계학개론, 경영학, 기업진단론, 조사방법론, 영어)과 4개 분야(인적자원관리분야, 재무관리분야, 생산관리분야, 마케팅분야)에 대한 2차 시험을 통해 선발된다.

④ 자영업컨설턴트가 있는데, 소상공인진흥원에서 주관하는 자영업컨설팅지원사업의 컨설턴트로 활동하기 위해서는 소상공인진흥원(www.seda.or.kr)의 [공지사항]에 공지된 모집요강을 참고로 신청을 하고 소정의 교육을 받으면 된다.

⑤ ISO 국제심사원이 있는데, IRCA(영국), RABQSA(미국/호주), KAR(한국심사자격인증원)에 등록된 교육기관에서 교육을 받으면 된다(네이버 지식iN, kin.naver.com).

(5) 콘텐츠 판매 수입

카페(cafe)는 특정 분야에 관심이 있는 회원들에게 유용한 콘텐츠들이 등록되어 있는 커뮤니티 사이트라고 할 수 있는데, 카페에서 콘텐츠를 판매한다는 의미는 아래와 같이 생각할 수 있다.

① 수입 창출에 도움을 주는 회원들만이 볼 수 있는 콘텐츠를 별도로 제공한다.

② 콘텐츠를 읽는 조건으로 매월 일정액을 받을 수도 있다. 주식을 비롯한 재테크 정보의 경우에는 정보들을 읽을 때마다 돈을 받는 것은 물론 질문을 올리고 답변을 볼 때에도 돈을 받는 사이트가 있는 실정이다.

③ 카페를 일종의 단체 사이트로 운영을 한다면, 연회비를 납부한 회원들을 위한 차별적인 콘텐츠 및 서비스를 제공할 수 있다.

④ 외부 기관 및 단체의 사이트에 콘텐츠를 제공하고 수익을 올릴 수 있다.

⑤ 카페에 등록된 콘텐츠를 활용하여 서적을 출판할 수 있다.

또한 디지털 시대의 도래와 함께 인터넷을 통한 자료 및 정보의 공유가 일반화되면서 개인이나 기업에 필요한 자료들을 사고파는 콘텐츠몰의 인기가 높아지고 있는 실정이다. 이러한 콘텐츠몰은 다양하게 분류될 수 있으나 주로 문서 서식 사이트, 디자인소스 사이트, 이미지 판매 사이트, UCC 동영상강좌 사이트 등이 대표적인 인기 콘텐츠몰이라고 할 수 있다(세계일보, 2011. 5. 31). 또한, 아이끼닷컴(www.i-kki.com)과 같은 콘텐츠거래 사이트들도 계속 등장하고 있다(케이벤치, 2011. 10. 10).

(6) 게시판 개설 수입

회원이 10,000명이 넘는 카페의 경우에 게시판을 개설하여 게시판지기로 설정해 주는 경우에는 게시판 하나로도 매출을 올리는 사업이 가능하다. 예를 들어, 프랜차이즈 본사들이 창업카페에서 개설한 게시판 하나로 가맹점 1개를 모집했다고 생각하면, 적어도 1,000~3,000천만원의 수입을 올릴 수 있다.

이에 따라 게시판의 개설을 통해서 수입을 올리기 위해서는 카페 회원의 증가를 위해 노력해야 하며, 아울러 다양한 모임, 행사 및 교육을 개최하는 것이 중요하다. 즉, 카페를 활성화시키는 노력이 필요하다는 것인데, 특히 아래의 사항들을 고려해야 한다.

① 대중성이 있는 카페를 운영하도록 하는 것이 필요하다. 여기에서 대중성이 있다는 것은 누구나 관심을 갖고 있다는 의미로 해석할 수 있는데, 창업, 재테크, 건강, 여행 등의 분야는 대중성이 있다고 할 수 있다.

② 게시판의 개설 외에도 카페 메인에서 홍보를 해 주거나 동맹카페를 활용하여 정기적인 홍보메일을 발송하여 실질적인 홍

보 효과가 발생하도록 하는 것이 필요하다.

③ 전국적인 언론보도를 지원해 줄 수 있다면 더욱 좋을 것이다.

마찬가지로 카페지기도 다음(Daum)과 네이버(Naver)의 다양한 카페에 게시판을 개설하여 게시판지기로 활동을 할 수가 있는데, 이를 위해서는 다음의 사항들을 고려해야 한다.

① 게시판이 개설되어 있는 카페와 협력하여 진행할 수 있는 수익사업을 만들어서 공동으로 진행하는 것이 필요하다.

② 제휴카페와 같이 매월 정기적으로 홍보메일을 서로 발송해 주는 활동이 필요하다.

③ 전국적으로 모임, 교육 및 행사를 진행할 수 있도록 지역별로 특화된 카페에 게시판을 개설하는 것도 좋을 것이다.

(7) 행사 대행 및 제휴 수입

다른 회사, 기관 및 단체에서 모임, 행사 및 교육을 의뢰받아 대행하는 경우를 말하는데, 프랜차이즈 본사의 의뢰를 받아 창업교육을 대행하는 경우에는 상당한 수입을 확보할 수 있다. 또한 다른 카페, 기관 및 단체와의 제휴를 통해 다양한 활동을 수행할 수 있다.

예를 들어, 창업길라잡이(cafe.daum.net/isoho2jobs)에서는 일본창업연구소(cafe.naver.com/limdk325), 유통과학연구회(cafe.daum.net/

esohobiz), 상인창업센터(cafe.daum.net/xq) 등과 다양한 제휴활동을 진행하고 있으며 이를 통하여 어느 정도의 수익을 올리고 있다. 또한 일부 카페에서는 프랜차이즈 본사들의 가맹점 모집을 지원하기 위한 창업교육을 진행하고 있다.

한편, 행사를 대행하거나 제휴를 하는 경우에 고려해야 하는 것들은 다음과 같다.

① 돈을 받을 때에 어느 계좌로 받을 것인가를 결정해야 한다.

② 행사 대행 혹은 제휴에 따른 수익의 배분방식을 결정해야 한다.

③ 법률적, 도덕적 혹은 윤리적으로 문제가 되지 않도록 진행해야 한다.

(8) 민간자격증의 발급을 통한 수입

카페(cafe)를 활용하여 단체를 설립하고 상품과 교육서비스를 제공하고, 민간자격증을 발급하면서 수익을 창출할 수도 있다. 2007년 민간자격증 등록제가 시행된 이후에 2011년 3월 기준으로 민간자격증은 모두 1,842개에 이르고 있으며(내일신문, 2011. 10. 12), 단체나 기업은 물론 개인도 서류신청만으로 등록할 수 있다.

예를 들어, 창업에 도움이 되는 다양한 교육을 진행하면서 민간자격증도 발급하고 있는 단체들을 살펴보면 다음과 같다. 먼저 사단법인 국제웃음치료협회(www.ha.or.kr, cafe.daum.net/smil614)에서는 웃음치료사 자격증을 발급하고 있으며, 한국POP예술협회(cafe.daum.net/glmaruart, www.popop.co.kr) 및 국제POP아트협회(cafe.daum.net/popaaa)에서는 POP, 폼아트, 초크아트 분야의 자격증들을 발급하고 있다. 또한 사단법인 평생교육진흥연구회(www.kyoyuk.org)에서는 방과후지도사, 독서지도사, 논술지도사, 한글지도사, 문예교육지도사, 공예교육지도사 등 다양한 자격증을 발급하고 있다.

이렇게 카페(cafe)에서 민간자격증의 발급을 통하여 수익을 올리기 위해서는 다음과 같은 점검 및 준비가 필요하다.

① 앞서 언급한 바와 같이, 단체에서 발급하는 민간자격증으로 수익창출이 될 수 있는가를 판단해야 한다. 즉, 창업으로 연결될 수 있어야 하며, 장기적으로도 성장이 가능한 창업분야의 민간자격증이어야 한다.

② 자격증을 발급하기 전에 민간자격정보서비스(www.pqi.or.kr)에서 국가 공인을 받는 것이 필요하다. 현재 민간자격은 자격기본법에 따라 미성년자 등의 결격사유와 국방 · 반(反) 사회 등 금지분야에 해당되지 않으면 누구나 신설 등록이 가능한데, 지난해 말 현재 1,564개가 등록돼 있다(서울신문, 2011. 2. 18).

③ 단체를 해당 정부기관에서 사단법인(incorporated association)

으로 인가를 받을 수 있도록 하는 것이 좋으나, 반드시 사단법인 인가를 받을 필요는 없다.

(9) 기타 부가적인 수입

카페(cafe)의 운영으로 인한 부가적인 수입 또한 다양하다고 할 수 있는데, 대표적인 것들은 다음과 같다.

① 다양한 콘텐츠를 활용하여 여러 웹사이트들을 운영할 수 있는데, 장기적인 관점에서 보면 매출 증가에 도움이 된다. 이때에 중요한 것은 여러 웹사이트들을 활용하여 카페지기가 운영하는 카페에 접속하여 가입할 수 있도록 하는 것인데, 여러 웹사이트들은 카페로 오도록 하는 징검다리의 역할을 수행하게 된다.

② 카페 운영자로서의 인지도를 활용하여 다른 사업들을 진행할 수 있다.

③ 다양한 인적 네트워크로 인해 다양한 분야의 홍보가 가능하다. 즉, 카페지기가 홍보하고 싶은 내용은 무엇이든지 알릴 수가 있기 때문에 외부 사이트와 연계하여 수입을 올릴 수 있다.

4.3 [상품등록게시판]을 활용한 인터넷쇼핑몰 만들기

2009년 6월 11일부터 네이버(Naver) 카페에서 상품등록게시판을 신설하였으며, 2011년 2월 8일부터는 다음(Daum) 카페에서도 상품등록게시판을 개설하여 상품을 등록하고 판매하는 것이 가능하게 되어 개인판매자들이 급속하게 증가될 전망이다. 자세한 것은 네이버 카페의 공지사항 '상품등록게시판 오픈!'(section.cafe.naver.com/SectionNoticeList.nhn) 및 안전한 상거래를 위한 상품등록게시판 오픈(blog.daum.net/cafe_notice/2016)을 참조하면 된다.

한편, 네이버의 상품등록게시판의 기본원칙을 보면 네이버 회원 1인당(주민등록번호 기준) 상품등록횟수는 월 20회, 판매등록금액은 600만원까지만 가능하다. 또한 거래진행 여부와 관계없이 게시 글을 삭제해도 월 판매등록금액 및 횟수 제한에 포함되는데, 상품등록게시판의 사용방법은 아래와 같다.

(1) 상품등록게시판의 추가

[그림 2-3]은 네이버 카페의 카페관리 > 메뉴 > 메뉴관리 화면인데, 왼쪽 메뉴 종류에서 새롭게 추가된 상품등록게시판을 확인할 수 있다. 기존의 게시판 생성 방법과 동일하게 상품등록게시판을 선택한 후에 [추가]를 클릭하면 된다. 물론 상품등록게시판의 이름은 창업자가 주로 판매하고자 하는 제품의 종류 등으로 변경이 가능하다.

[그림 2-4]에서와 같이 메뉴기본설정에서 메뉴명과 게시판설

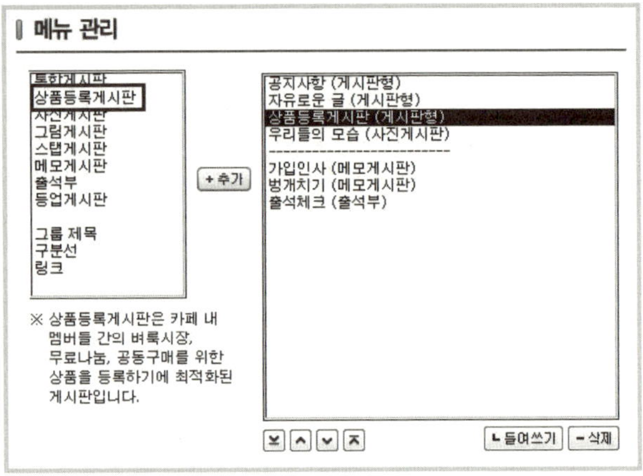

[그림 2-3] 상품등록게시판 추가

명을 입력한 후, 해당 게시판에서 사용할 거래종류를 선택하여 거래종류별로 게시판을 구별하여 편리하게 사용할 수 있다. 거래종류는 복수 선택이 가능하며, 공동구매는 매니저와 부매니저,

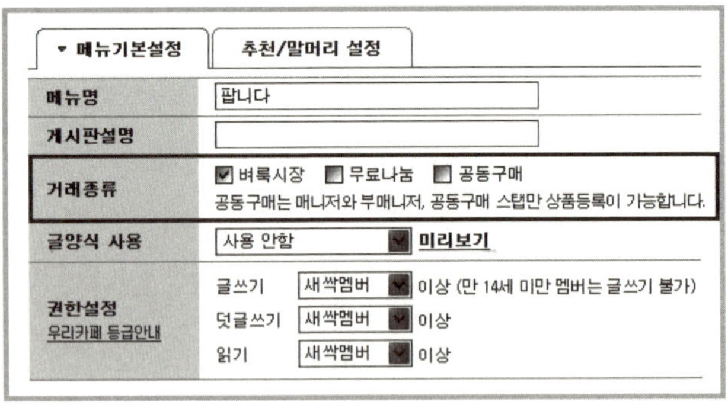

[그림 2-4] 거래종류의 설정

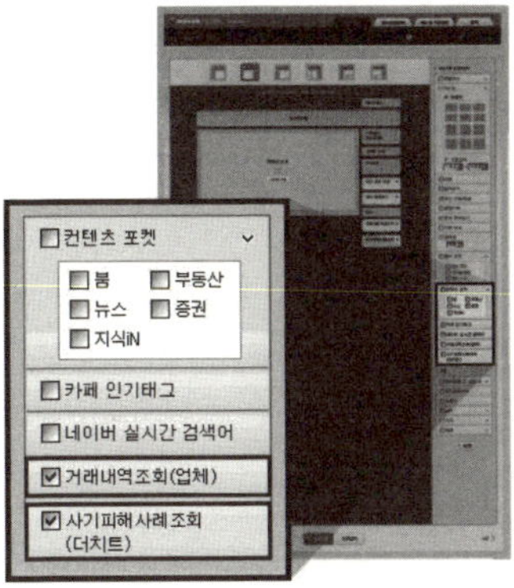

[그림 2-5] 부가기능의 설정

공동구매 스탭만 상품등록이 가능하다.

한편, 부가기능도 설정할 수 있는데, [그림 2-5]는 네이버카페의 카페관리 > 레이아웃관리 화면이다. 오른쪽 메뉴 사용 및 출력설정의 가장 아래쪽에 '거래내역조회(업체)', '사기피해사례조회(더치트)' 항목을 확인할 수 있다. 기존 메뉴/위젯 설정 방식과 동일하게 항목을 선택하여 레이아웃 화면에서 위치를 설정하면 되는데, 굳이 필요하지는 않다.

(2) 상품의 등록 및 인터넷쇼핑몰의 개설

앞에서 추가한 상품등록게시판에 판매하고자 하는 다양한 상품을 등록하면 되는데, 이를 활용하여 인터넷쇼핑몰을 만드는 과정은 아래와 같다. 여기에서는 저자의 네이버 카페(cafe.naver.com/

ihavetwojobs)의 [중고/신상품 구매장터] 게시판에 등록된 상품을 활용하여 설명할 것이며, 저자의 네이버 카페에 접속하여 살펴보는 것이 필요하다.

① 상품등록게시판을 추가한 후에 게시판의 이름을 [중고/신상품 구매장터]로 설정한다. 게시판의 이름은 판매하고자 하는 상품의 종류에 맞게 정하면 된다.

② [중고/신상품 구매장터] 게시판에 상품을 등록한 후에 특정 상품의 제목을 클릭한다.

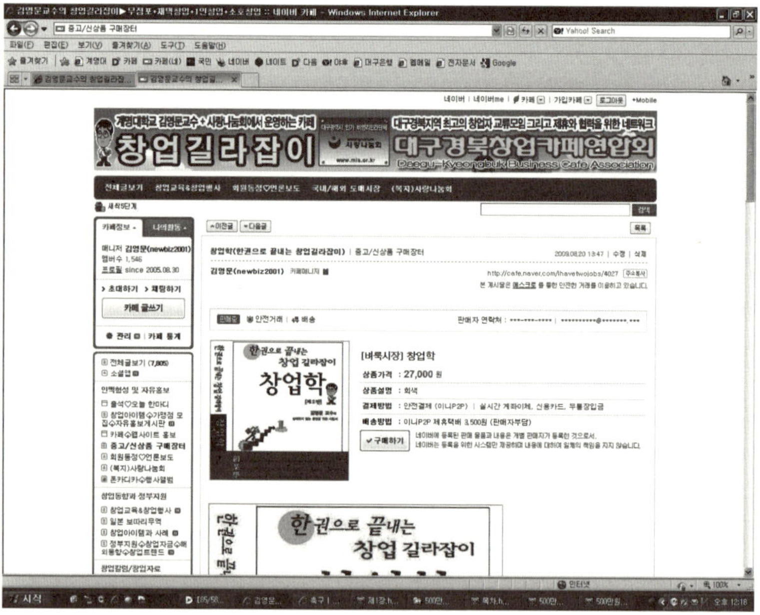

[그림 2-6] 상품구매 페이지

③ [그림 2-6]에서 보듯이, 상품구매 페이지에서 보이는 작은 상품이미지 위에 마우스를 올려놓고 오른쪽 마우스를 클릭한 후에 이미지의 [속성] 값을 확인한다. 또한 [그림 2-7]에서와 같이 [중고/신상품 구매장터] 게시판에 등록되어 있는 해당 상품의 제목을 오른쪽 마우스를 사용하여 클릭한 후에 [속성]을 선택하여 링크할 주소(URL)를 확인한다.

④ 카페의 [카페관리]-[꾸미기]-[카페대문]에서 [스마트에디터]를 클릭한다.

[그림 2-7] 상품의 제목을 클릭하여 [속성] 값을 확인

[그림 2-8] 카페 메인에 등록된 상품이미지

⑤ [스마트에디터]에서 HTML를 체크한 후에 HTML 명령어들을 입력하면 되는데, 저자가 2012년에 출판한 '카페(cafe)로 창업하기'의 제2장 1.(4)에서 설명한 '특정 게시판의 글 제목을 카페 메인에 배치한 후에 링크시키는 방법'을 활용하거나 본서의 제3장 1.(2)에서 설명하고 있는 '텍스트 혹은 이미지를 클릭했을 때에 특정 사이트로 링크하기'를 활용하면 된다. 즉, [그림 2-8]에서 보듯이 카페 메인에서 상품이미지를 클릭하면, [중고/신상품

구매장터] 게시판에서 [그림 2-6]과 같이 상품구매 페이지로 링크되도록 하면 된다.

⑥ [그림 2-8]에서는 현재 2개의 상품이미지가 카페 메인에 등록되어 있는데, 저자가 2012년에 출판한 '카페(cafe)로 창업하기'의 제2장에서 설명한 〈TABLE〉 명령어를 사용하여 인터넷쇼핑몰의 첫 화면과 같이 만들면 된다. 예를 들어, 한 줄에 5개의 상품이미지를 총 10줄에 등록하면, 전체적으로 50개의 상품을 카페메인에 등록할 수가 있다.

⑦ 네이버(Naver) 카페의 [카페관리]-[꾸미기]-[카페대문]을 클릭한 후에 [스마트에디터]에서 사용할 수 있는 공간의 길이는 575×580 픽셀 정도이며, 상품이미지를 110×110 크기로 제작을 하게 되면 아래의 HTML 명령어를 사용하여 한 줄에 5개의 상품이미지를 배치할 수 있다. 여기에서 110×110 크기로 제작된 상품이미지들은 [그림 2-6]의 상품구매 페이지에 있는 상품이미지의 크기를 110×110 크기로 조정한 후에 사용하거나 상품이미지 호스팅 사이트에 등록되어 있는 상품이미지를 사용해도 된다. 일반적으로는 상품이미지를 110×110 크기로 제작한 후에 상품이미지 호스팅 사이트에 등록한 후에 사용하게 된다.

한편, 아래의 HTML 명령어를 활용하면 상품이미지 5개를 한 줄에 배치한 후에 구매자가 특정 상품이미지를 클릭하면 [그림

2–6]의 상품구매 페이지로 링크가 될 수 있다. 이것을 활용하면 [그림 2–8]과 같이 카페(cafe)를 활용하여 전자상거래 사이트를 만들 수 있다.

상품 이미지1	상품 이미지2	상품 이미지3	상품 이미지4	상품 이미지5

⟨table border=0⟩

⟨tr⟩

⟨td⟩

⟨a href="[그림 2–7]에서와 같이 상품 제목의 [속성]을 선택하여 얻은 주소(URL)"⟩

⟨img src="[그림 2–6]에서와 같이 상품구매 페이지에서 작은 상품이미지의 주소(URL)"⟩

⟨/a⟩

⟨/td⟩

⟨td⟩

⟨a href="[그림 2–7]에서와 같이 상품 제목의 [속성]을 선택하여 얻은 주소(URL)"⟩

⟨img src="[그림 2–6]에서와 같이 상품구매 페이지에서 작은 상품이미지의 주소(URL)"⟩

⟨/a⟩

```
〈/td〉
〈td〉
  〈a href=“[그림 2-7]에서와 같이 상품 제목의 [속성]을 선택하여 얻은 주소(URL)”〉
  〈img src=“[그림 2-6]에서와 같이 상품구매 페이지에서 작은 상품이미지의 주소(URL)”〉
  〈/a〉
〈/td〉
〈td〉
  〈a href=“[그림 2-7]에서와 같이 상품 제목의 [속성]을 선택하여 얻은 주소(URL)”〉
  〈img src=“[그림 2-6]에서와 같이 상품구매 페이지에서 작은 상품이미지의 주소(URL)”〉
  〈/a〉
〈/td〉
〈td〉
  〈a href=“[그림 2-7]에서와 같이 상품 제목의 [속성]을 선택하여 얻은 주소(URL)”〉
  〈img src=“[그림 2-6]에서와 같이 상품구매 페이지에서 작은 상품이미지의 주소(URL)”〉
```

```
    </a>
  </td>
</tr>
</table>
```

위에서 〈img src="상품구매 페이지에서 작은 상품이미지의 주소(URL)"〉에 있는 주소(URL)는 [그림 2-8]과 같이 상품이미지가 2개만 있는 경우에는 [그림 2-6]의 상품구매 페이지에서 볼 수 있는 작은 상품이미지의 주소(URL)를 그대로 사용할 수가 있으며, 이미지의 크기를 조정하기 위해서는 width와 height를 사용하면 된다(3장 1.의 HTML 사용방법 참고). 하지만, 상품이미지들이 유료 상품이미지 호스팅 사이트에 등록되어 있는 경우에는 저자가 2012년에 출판한 '카페(cafe)로 창업하기'의 2장에서 설명한 상품이미지의 주소(URL) 값(혹은 파일경로)을 사용하게 된다. 즉, 어느 상품이미지를 사용하느냐에 따라 사용되는 주소(URL) 값은 달라지는 것이다.

⑧ 위에서 〈tr〉...〈/tr〉 사이의 HTML 명령어를 복사하여 사용하면 2번째 줄에 5개의 상품이미지를 배치시킬 수 있다. 이러한 방법으로 한 줄에 5개의 상품이미지를 배치하고, 여러 줄에 걸쳐서 상품이미지를 배치하게 되면 인터넷쇼핑몰의 첫 화면처럼 만

들 수 있게 된다.

4.4 카페로 수입을 올릴 때의 유의사항

① 다음(Daum)과 네이버(Naver)의 카페 약관을 준수하도록 해야 한다. 특히 강제폐쇄 및 게시물 삭제 등과 관련된 규정을 준수하도록 해야 한다.

② 사업자등록 및 통신판매업 신고를 하여 법적으로 문제가 없도록 해야 한다.

③ 경제 환경의 변화에 따른 단기, 중기 및 장기 수익모델(business model)을 개발하는 것이 필요하다.

④ 시대적 상황의 변화에 따른 카페의 새로운 운영방향을 생각해야 하는데, 적어도 3년 전부터 준비를 하는 것이 필요하다.

⑤ 카페는 누구나 공짜로 만들 수 있는 것이지만 카페지기의 삶과 인생관을 담아서 운영을 하는 것이 필요하며, 마지막 삶의 순간까지 카페를 운영하겠다는 생각이 필요하다.

⑥ 카페의 운영으로 인한 수익을 단순히 돈으로만 생각할 필요는 없다. 즉, 눈에 보이는 돈 외에도 무형의 수익도 충분히 가치가 있는 것이기 때문이다. 예를 들어, 카페지기의 인지도 향상 등도 무형의 수익으로 생각할 수 있을 것이다.

5 INIP2P를 활용한 전자상거래 창업

KG이니시스(www.inicis.com)에서 개발한 INIP2P 서비스(www.inip2p.com)는 국내 최초로 개발된 개인 간의 안전거래 중개 모듈이다. INIP2P 서비스는 카페와 블로그 등의 개인 웹사이트에서 상품을 판매할 때에 사용할 수 있는 결제솔루션이다. 즉, 상품의 구매자는 블랙리스트에 신경 쓰지 않고 상품을 보냈는지에 대한 불안감을 떨쳐 버리고, 판매자는 현금 이외의 지불수단을 통해 다양한 판매활동을 할 수 있는 안전한 상거래방식이다.

카페(cafe), 블로그(blog) 혹은 개인 웹사이트를 운영하고 있다면, INIP2P를 활용한 상품과 서비스의 판매는 창업경험을 쌓는데 많은 도움이 될 수 있다. 또한 창업자는 다양한 판매방법을 경험할 수 있는 동시에 다양한 판매방법들의 융합(convergence)을 통해서 새로운 수익창출을 할 수 있는 방법을 배울 수 있을 것이다.

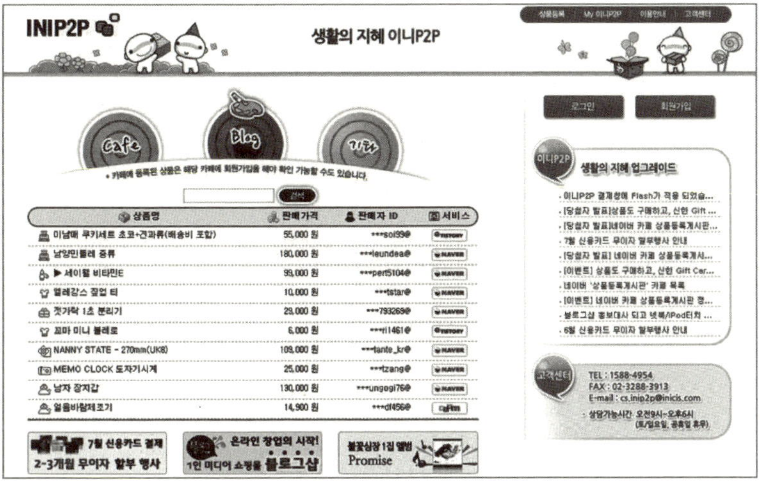

[그림 2-9] INIP2P의 초기화면

INIP2P는 크게 판매자 상품 등록, 구매자 상품 구매, 에스크로(Escrow) 및 정산의 3가지 서비스로 구성되어 있는데, [그림 2-9]는 INIP2P의 초기화면이다.

5.1 판매자 상품 등록

판매자는 [그림 2-10]과 같이 INIP2P에 상품명, 상품분류, 가격과 수량을 입력하여 판매버튼을 생성 받으며, INIP2P를 통해 생성된 판매버튼(결제솔루션)을 판매자의 블로그, 카페 등의 웹사이트에 복사&붙여넣기를 통해 판매버튼을 게시할 수 있다.

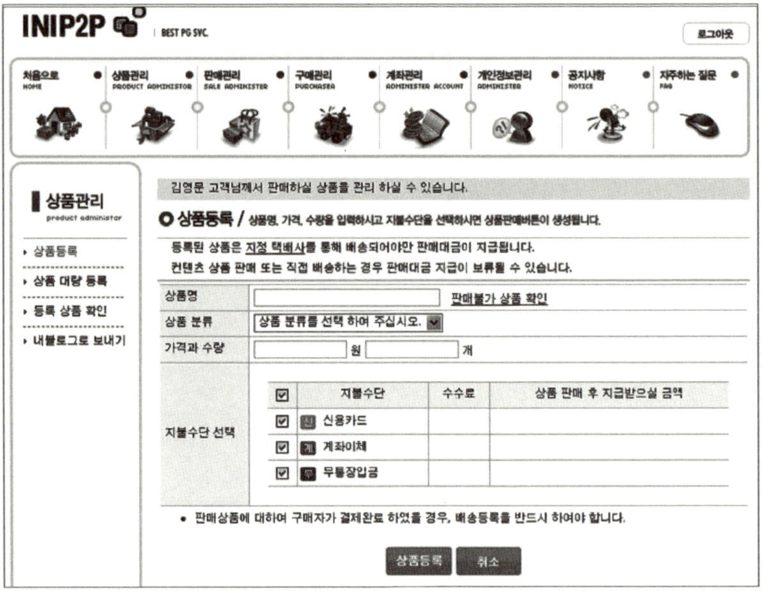

[그림 2-10] INIP2P의 상품등록 화면

5.2 구매자 상품 구매

구매자는 판매자의 블로그 또는 카페에 게시된 상품을 구매할 경우에 판매자가 게시한 구매하기 버튼을 클릭하면 (주)이니시스에서 제공하는 INIP2P를 통한 안전결제가 시작된다.

그렇기 때문에 옥션과 G마켓에서와 같이 구매자가 결제한 돈은 구매자가 상품을 수령한 후에 구매결정을 할 때까지 KG이니시스(www.inicis.com)가 보관하게 된다. INIP2P의 이러한 특성으로 인해 상품의 판매자와 구매자들은 서로 믿을 수 있으며, 안전한 거래가 보장된다.

5.3 에스크로(Escrow) 및 정산

구매자가 결제 후 판매자는 택배사 등을 통해 물품을 배송하게 된다. INIP2P는 판매자가 배송한 택배사를 통해 물품 배송정보를 제공받아 물품 배송 여부를 인지하고 물품 배송이 완료된 후 구매자가 물품수령 거절을 하지 않는 경우에만 판매대금을 판매자에게 정산한다.

앞에서 설명한 INIP2P를 사용하기 위해서는 먼저 INIP2P(www.inip2p.com)에 가입을 해야 하며 아이디는 이메일 주소를 사용하게 되는데, 가입을 하게 되면 이메일 주소로 인증서를 보내준다. 따라서 이메일로 접속하여 인증서를 클릭해야 가입절차가 끝나게 된다.

한편, [그림 2-10]은 INIP2P에서의 상품등록 화면인데, 신용카드, 계좌이체, 무통장입금의 3가지 지불수단을 선택할 수 있다. 상품명을 입력한 후에 상품분류를 선택하고, 가격과 수량을 입력한 후에 지불수단을 선택하고 [상품등록]을 누르면 상품판매 버튼(결제솔루션)이 생성된다. 그 후에 상품정보 그대로 복사하기,

[그림 2-11] 상품이미지 등록 후 INIP2P 결제솔루션 등록

HTML 소스 복사하기, 상품링크 복사하기 중에서 하나를 복사하여 붙여넣기를 하면 되는데, [그림 2-11]에서와 같이 상품이미지 아래에 'HTML 소스 복사하기'를 활용한 INIP2P 결제솔루션을 등록하면 된다.

[그림 2-11]에서와 같이 INIP2P 결제솔루션을 등록하는 방법을 구체적으로 설명하면 아래와 같다.

① 먼저 상품이미지를 등록하고 저장한다.

② [수정] 버튼을 클릭한 후에 오른쪽 상단에 있는 HTML을 체

크한다.

③ [그림 2-10]과 같은 방법으로 [상품등록]을 한 후에 상품판매 버튼(결제솔루션)이 생성되면, 'HTML 소스 복사하기'를 활용하여 INIP2P 결제솔루션을 붙이기(Ctrl+V)하여 등록한다.

④ [수정] 버튼을 클릭하면 상품 및 결제솔루션의 등록이 완료된다.

5.4 INIP2P 및 HTML을 활용한 인터넷쇼핑몰 만들기

앞에서 설명한 INIP2P를 활용한 상품판매의 방법 및 HTML을 활용하여 인터넷쇼핑몰을 만들 수도 있는데, 구체적인 절차는 아래와 같다.

① 일반게시판에 상품이미지를 등록한 후에 저장한다.

② [수정] 버튼을 클릭한 후에 오른쪽 상단에 있는 [HTML]을 클릭한다.

③ [그림 2-10]에서와 같은 방법으로 상품을 등록한 후에 생성된 상품판매 버튼을 HTML 소스 복사하기를 사용하여 붙이기(Ctrl+V)를 한다.

④ 저장을 한다.

⑤ 다른 상품들도 위에서 설명한 ①에서 ④까지의 방법으로 등

록한다.

⑥ 110×110 크기로 제작된 상품이미지들을 상품이미지 호스팅 사이트에 등록한다.

⑦ 위 4.3의 '[상품등록게시판]을 활용한 인터넷쇼핑몰 만들기'에서 설명한 바와 같이, HTML 명령어를 사용하여 한 줄에 5개의 상품이미지를 배치하고 TABLE 명령어들을 활용하여 인터넷쇼핑몰 형태로 만들면 된다.

앞에서 설명한 INIP2P를 사용하지 않는다면, 단순히 입금을 받을 계좌번호를 입력시켜도 상관이 없을 것이다. 다만, 신뢰성이라는 측면에서 보면 INIP2P를 사용하는 것이 더 좋다는 것이다.

5.5 INIP2P의 활용에 대한 동영상(UCC)

INIP2P(www.inip2p.com)의 첫페이지에서 [판매회원 도우미]를 클릭하면, 상품판매의 단계와 더불어 동영상(UCC)을 보면서 INIP2P의 자세한 사용방법에 대해 배울 수 있다.

① INIP2P 회원가입(www.youtube.com/watch?v=73ZFXJDB--c)

② INIP2P 상품등록 및 판매버튼 생성(www.youtube.com/watch?v= Ws-HVNWNa_s)

③ INIP2P 구매자 결제(www.youtube.com/watch?v=8xffjMLhiOs)

④ INIP2P 배송등록(www.youtube.com/watch?v=bnlISQtDL7Q)

⑤ INIP2P 구매확인(www.youtube.com/watch?v=yQDXfJUGQdQ)

⑥ INIP2P 출금요청(www.youtube.com/watch?v=ixpkq44crOo)

5.6 INIP2P의 활용 실태

현재 INIP2P는 다음(Daum)과 네이버(Naver) 카페에서의 상품등록게시판뿐만 아니라 다양하게 활용되고 있는데, 첫째, 스마트폰 결제에서 활용되고 있다. 이를 위해서는 이니코드 서비스를 이용하면 된다. 즉, 이니코드는 이니페이 모바일 앱에서 스캔하는 즉시 주문과 결제가 가능한 QR코드다. 결제정보와 해킹방지코드가 내장돼 생성되기 때문에 결제를 가장한 피싱과 결제정보 위・변조 등의 해킹이 불가능해 안전한 거래를 보장한다. 사용자는 최초 1회에 한해 INIP2P(www.inip2p.com)에서 회원가입 후 배송정보를 입력하고, 이후에는 다른 절차 없이 스마트폰 스캔을 통해 주문 및 결제를 한번에 해결할 수 있다(건설경제신문. 2011. 5. 12).

둘째, 이니시스가 INIP2P라는 앱을 내놓으면서 페이스북용 어플도 함께 선보였다. 이 앱은 페이스북에 스토어를 만들어주는 해외 앱들이 정작 원화 결제를 지원하지 못해 국내 페이스북 사용자들에게는 "그림의 떡"에 불과했던 터에, 부족하나마 새로운 원화 결제수단을 제공하기 시작했다는 점에서 그 의미가 있다(베타뉴스, 2011. 5. 11).

6 제휴마케팅을 활용한 인터넷쇼핑몰 만들기

6.1 제휴마케팅의 개요

제휴마케팅(affiliate marketing)은 웹 비즈니스(상품 판매, 광고) 촉진기법의 하나로서, 웹사이트 발행자(affiliate, publisher)가 그의 노력에 의해 파트너의 웹사이트에 새로운 방문자, 회원, 고객, 매출을 발생시키면, 그 웹사이트 발행자가 소정의 보상을 받는 식의 마케팅 기법을 말한다. 특히 여러 다른 부류의 기업과 개인들이 모여 이러한 형태의 인터넷 마케팅을 펼치는 것을 말할 때 제휴마케팅이라는 단어를 쓰기도 한다.

예를 들어, 카페 운영자(웹사이트 발행자, affiliate)가 카페에 옥션(www.auction.co.kr, 파트너의 웹사이트) 배너를 등록해 놓고 홍보를 하면, 네티즌들이 카페에 등록되어 있는 옥션 배너를 클릭한 후에 옥션에 접속하여 상품을 구입할 수 있다. 이러한 경우에 카페 운영자가 네티즌들이 옥션에서 구매한 금액의 일부를 보상으로 받게 되는 것을 제휴마케팅이라고 한다. 현재 랭키닷컴(www.rankey.com)에서 살펴보면 총 42개의 제휴마케팅 사이트들을 확인할 수 있는데, 이러한 제휴마케팅 사이트들을 카페(cafe) 등 창업자의 웹사이트에서 홍보하거나 운영함으로써 수익을 올릴 수 있다.

6.2 제휴마케팅 사이트의 활용

현재 국내 대표적인 제휴마케팅 사이트 중의 하나가 바로 링크프라이스(www.linkprice.co.kr)인데, 사이트에 가입을 한 후에 [샵포털]을 클릭하여 신규 등록 어필리에이트의 [주소등록하기]에서 [그림 2-12]와 같은 무료 쇼핑몰을 만들 수 있다. 현재 링크프라이스(www.linkprice.co.kr)에서 제공하는 샵포털에는 종합쇼핑몰, 오픈마켓, 해외상품구매, 화장품/미용용품, 브랜드의류, 패션의류, 도서/음악 분야에 약 200여개 인터넷쇼핑몰이 입점되어 있다. 저자가 링크프라이스에서 무료로 개설한 샵포털인 사랑나눔쇼핑(shop.shopportal.co.kr/sarangnanum) 내에 있는 특정 인터넷쇼핑몰에서 고객이 구매를 하게 되면, 구매금액에 따른 수익금을 0.6%~80%까지 현금으로 받을 수 있다.

[그림 2-12] 링크프라이스의 샵포털

위에서 설명한 제휴마케팅(affiliate marketing)의 개념으로 다시 쉽게 설명하면, 링크프라이스에서 무료로 개설한 사랑나눔쇼핑(shop.shopportal.co.kr/sarangnanum)을 열심히 홍보하여 고객들이 사랑나눔쇼핑을 방문하도록 하고, 고객들이 사랑나눔쇼핑의 [쇼핑몰] 혹은 [쇼핑 카테고리]에서 특정 인터넷쇼핑몰에 접속하여 상품을 구매하면 사랑나눔쇼핑의 운영자는 고객이 구매한 금액 중에서 0.6%~80%까지 수익금으로 받게 된다.

물론, 사랑나눔쇼핑(shop.shopportal.co.kr/sarangnanum)에는 약 200

여개의 유명 인터넷쇼핑몰이 입점되어 있다고 하지만, 수익이 얼마나 될 것인가 하는 것에 관심을 갖고 있는 예비창업자들이 많을 것이라고 생각한다. 하지만, 제휴마케팅 사이트 역시 많은 돈을 벌 수 있을 것이라는 기대보다는 온라인 창업자들이 전자상거래 사이트를 운영하면서 홍보와 광고에 대해 배울 수 있는 좋은 기회가 될 수 있다는 것을 생각하는 것이 좋다.

6.3 카페에서 제휴마케팅을 활용한 인터넷쇼핑몰 만들기

카페(cafe)에 사랑나눔쇼핑(shop.shopportal.co.kr/sarangnanum)을 바로 접속할 수 있는 배너를 등록하여 수익을 창출할 수도 있지만, 링크프라이스(www.linkprice.co.kr)의 [광고 가져가기] – [머천트로 찾기] – [카테고리별]에서 개별 사이트에 대한 배너 및 기본링크 주소를 가져와서 홍보하는 것도 좋다. 즉, 일반 네티즌들이 자주 이용하거나 많이 방문하는 전자상거래 사이트들의 배너들만 [그림 2-13]과 같이 카페(cafe)에 등록하여 적극 홍보하는 것도 수익 창출에 도움이 된다.

① 링크프라이스(www.linkprice.co.kr)에 로그인을 하여 [광고 가져가기]를 클릭한 후에 왼편 상단의 [현재 사이트]에서 배너들을

[그림 2-13] 제휴마케팅 사이트의 배너를 등록

등록할 사이트를 추가한다.

② 오른편의 머천트 목록에서 [전체 승인 신청하기]를 클릭한다.

③ [오픈마켓]을 클릭한 후에 [옥션]을 클릭한다.

④ 옥션 배너 위에 마우스를 올려놓고 오른쪽 마우스를 클릭한 후에 [속성]에서 상품이미지 주소(URL)를 확인한다.

⑤ 기본링크 주소를 확인하고 아래와 같은 HTML 명령어와 TABLE 명령어를 사용하여 [그림 2-13]과 같이 만들면 된다.

〈td〉

〈a href="기본링크 주소" target=win1〉

〈img src="상품이미지 주소(URL)"〉

〈/a〉

〈/td〉

⑥ [광고 가져가기] – [머천트로 찾기] – [카테고리별]에서 종합쇼핑몰을 클릭하면 16개의 종합쇼핑몰에 대한 정보를 확인할 수 있는데, 커미션이 높은 몇 개의 종합쇼핑몰의 배너들만 활용하여 집중적으로 홍보하는 것도 수익을 높이는 데 도움이 될 것이다.

7 블로그(blog)를 활용한 전자상거래 창업

7.1 블로그를 운영할 수 있는 웹사이트

블로그(blog)는 네티즌이 자신의 관심사에 따라 자유롭게 게시물을 작성하여 올리는 웹사이트를 말한다. 영어 '웹로그(weblog)'에서 온 말이며, 웹(web)과 기록(log)이라는 두 단어가 합쳐 만들어진 '웹 항해 기록'이라는 뜻의 단어다. 인터넷을 항해하다가 발견한 흥미로운 링크에 짧은 코멘트를 덧붙이는 것이 전형적인 초기 형태였다(다음 어학사전, dic.daum.net).

이러한 블로그(blog)는 아래의 사이트에서 운영할 수 있는데, 무료라는 것이 가장 큰 장점이다. 하지만, 네이버 블로그가 국내 블로그 시장의 85%를 차지하고 있는데(경남도민일보, 2013. 1. 30), 이에 따라 아래의 블로그 중에서 영향력이 큰 블로그들을 우선적으로 운영하는 것이 필요할 것이다.

① 다음 블로그(blog.daum.net)

② 네이버 블로그(section.blog.naver.com)

③ 이글루스(www.egloos.com)

④ 에이블 블로그(www.ablenews.co.kr/Blog)

⑤ 구글 블로그(www.blogger.com)

⑥ 드림위즈 블로그(blog.dreamwiz.com)

한편, 에이블 블로그(www.ablenews.co.kr/Blog)는 메인포스트 설정 기능이 있는데, 이것은 특정 글을 블로그의 메인에 고정시킬 수 있는 기능을 말한다. 이를 활용하면 블로그 운영자가 홍보하고 싶은 중요한 내용들을 블로그의 메인에 항상 고정시킬 수 있기 때문에 홈페이지 혹은 카페의 메인과 같이 운영할 수 있다. 또한 인터넷쇼핑몰의 메인과 같이 판매하고자 하는 상품들을 HTML을 활용하여 블로그의 메인에 배치할 수도 있다.

7.2 블로그를 활용한 전자상거래의 방법

블로그(blog)를 활용하여 전자상거래를 할 때에는 앞에서 설명한 INIP2P(www.inip2p.com)를 활용하면 된다. 다만, 블로그에 글쓰기를 할 때에 HTML 문서를 등록할 수 있는 기능이 있어야 하는데, INIP2P에서 상품등록을 한 후에 만들어지는 상품판매버튼은 HTML 소스 복사하기를 사용하는 것이 가장 편리하기 때문이다.

[그림 2-14]는 블로그에서의 상품판매 모습을 보여주고 있는데, 앞에서 설명한 'INIP2P(www.inip2p.com)를 활용한 전자상거래 창업'의 방법은 카페(cafe) 및 블로그(blog)에서 모두 사용될 수 있다.

[그림 2-14] 블로그에서의 상품판매

8 해외 전자상거래 사이트에 상품등록 및 판매

8.1 해외 전자상거래 사이트

세계 최대 기업상대(B2B) 전자상거래 사이트인 알리바바닷컴(www.alibaba.com), 중국 최대의 일반인 대상 내수 소매 사이트인 타오바오닷컴(www.taobao.com), 일본의 오픈마켓인 라쿠텐(www.rakuten.co.jp) 등에 상품을 등록하고 판매를 할 수 있다. 하지만, 자영업자 혹은 소기업에서 해외 전자상거래 사이트에 상품을 등록하고 판매를 하는 것은 쉬운 일이 아니며, 상품을 등록하고 매출을 지속적으로 증가시키기 위해서는 전문가들의 조언과 컨설팅이 필요할 것이다. 특히 KOTRA가 세계 전자상거래 시장으로의 우리 기업 진출을 적극 지원하기로 결정을 하면서 많은 국내 기업들이 해외시장으로의 진출에 관심을 갖게 될 것이며(아주경제, 2011. 3. 28), 이러한 측면에서 다양한 해외 전자상거래 사이트를 활용한 상품등록 및 판매는 유망한 무점포 1인 창업아이템이라고 할 수 있다.

8.2 판매대행 및 판매교육 사이트

국내 오픈마켓의 판매를 대행하는 와이드아이티씨(wideitc.com), 미국의 이베이(eBay)와 일본의 라쿠텐의 판매를 대행하는 이미지스튜디오(www.imagestudio.co.kr), 일본의 온라인 및 오프라인 시장에서의 판매를 대행해 주는 플러스엠에프(www.plusmf.com) 등이 있는데, 창업자는 이러한 사이트들을 먼저 벤치마킹(benchmarking)하는 것이 필요하다. 또한, 해외 전자상거래 사이트에서 상품을 판매하려는 창업자들을 위해 판매자 교육을 하고 있는 사이트들도 있는데 아래의 사이트들을 참고하면 된다.

① 해외쇼핑몰 및 해외 오픈마켓 창업교육(cafe.naver.com/ims330): 이베이, 타오바오, 라쿠텐 등에서의 판매교육을 진행하고 있다.

② 크레이드(www.krade.co.kr): 2009년부터 이베이(eBay), 아마존(Amazon), 라쿠텐(Rakuten), 알리바바(Alibaba), 큐텐(Qoo10) 등의 주요 해외 전자상거래 사이트에 상품판매 및 수출(B2B/B2C)에 대

한 교육 및 컨설팅을 하고 있다.

③ 글로벌셀러창업연구소(cafe.naver.com/fmsmania0): 큐텐(Qoo10)에서의 상품판매에 대한 교육을 진행하고 있으며, 글로벌 구매대행 창업에 대한 지원도 하고 있다.

9 지식쇼핑 및 쇼핑하우 입점

최근 시장조사기관 닐슨 코리안클릭이 조사한 가격비교 사이트의 월별 누적 순방문자수(UV)를 보면, 네이버의 지식쇼핑(shopping.naver.com)이 평균 1,300만명으로 선두를 달리고 있다. 2~4위인 다음의 쇼핑하우, 어바웃(www.about.co.kr), 다나와(www.danawa.com)의 순방문자수(UV)가 400~600만명 수준임을 감안하면 압도적인 1위라 할 수 있을 정도이다(한국일보, 2012. 12. 24).

이에 따라 네이버(Naver)에서 운영하고 있는 지식쇼핑(shopping.naver.com) 및 다음(Daum)에서 운영하고 있는 쇼핑하우(shopping.daum.net)에 입점하여 상품을 판매하려는 창업자들이 계속 증가되고 있는 실정이다. 이를 위해서는 우선 해당 사이트에 접속하여 자세한 입점조건을 파악하는 것이 필요하다.

9.1 지식쇼핑 입점 및 상품판매

네이버(Naver)에서 운영하고 있는 지식쇼핑의 입점 방식은 크게 세 가지로 구분된다. 먼저 'CPC Package'는 상품 클릭시 단가에 따른 과금이 되는 방식이고, 'CPS Package'는 매월 고정비와 판매에 대한 매출 수수료(수익쉐어)를 내는 방식이다. 또한 샵N(shop.naver.com)은 샵N의 수수료 정책에 따라 과금되며, 입점시 별도의 서류/검증 절차 없이 샵N 판매자센터에서 가입시의 동의 절차를 통해 간편하게 입점할 수 있다.

(가) CPC Package 입점

현재 인터넷쇼핑몰을 운영 중인 광고주가 지식쇼핑에 입점하는 방식 중에서 상품 클릭시 클릭당 수수료를 부과하는 방식이다. 한 번의 입점비만으로 상품구매의사를 가진 소비자에게 광고하고자 한다면 CPC Package로 시작할 수 있다.

(나) CPS Package 입점

현재 인터넷쇼핑몰을 운영 중인 광고주가 지식쇼핑에 입점하는 방식 중에서 매월 고정비와 상품판매 수수료를 내는 방식이다. 지식쇼핑 카테고리 페이지 외 메인, 기획전 영역에서 별도의 광고 영역을 활용할 수 있다.

(다) 샵N 입점

현재 네이버 샵N(shop.naver.com)을 운영 중인 광고주가 지식쇼핑에 입점하는 방식이다. 샵N으로 입점할 경우에 샵N에서 판매 중인 상품 중에서 지식쇼핑에서도 판매를 원하는 상품을 골라 네이버에서의 상품 노출과 판매효과를 보다 극대화할 수 있다.

9.2 쇼핑하우 입점 및 상품판매

다음(Daum)에서 운영하고 있는 쇼핑하우(shopping.daum.net)에는 크게 2가지의 DB입점 방식이 있는데, 여기에서 DB입점은 판매하는 상품 DB(database)를 쇼핑하우가 정한 형식에 맞게 구성(개발)하여 전송하는 것을 말한다.

(가) CPC입점

쇼핑하우에서 노출된 상품의 클릭당 일정 금액이 과금되는 방식이다.

(나) CPS입점

쇼핑하우를 통해 판매가 성사된 건(취소 및 반품거래건 제외)에 대해서 판매금액의 일정부분(2~3%)을 판매수수료로 지불하는 정산방식이다.

10 도매사이트를 활용한 전자상거래 창업

10.1 창업아이템의 개요

현재 포털사이트에서 도매, B2B 등으로 검색해 보면 다양한 도매사이트들이 있는데, 이러한 도매사이트들을 활용하여 수익을 창출할 수가 있다. 즉, 도매사이트에 등록되어 있는 상품을 도매가격으로 구입하거나 상품이미지를 무료 혹은 저렴한 비용에 제공 받아서 인터넷쇼핑몰, 국내 및 해외 오픈마켓에 등록하여 창업을 할 수 있다는 것이다. 초보 창업자들은 이러한 온라인 도매사이트들을 활용하여 창업 경험을 쌓는 것이 본격적인 창업을 준비하는 데 많은 도움이 된다.

10.2 주요 도매사이트

대표적인 도매사이트로는 나까마(www.naggama.co.kr), 베스트켓(www.bestket.com) 등이 있다. 특히 베스트켓에서는 B2B회원(기본형, 프리미엄 플러스, 무제한형)으로 가입을 하게 되면, 인터넷쇼핑몰 또는 오픈마켓에서 상품을 판매하는 창업자들은 상품이미지를 미리 사용한 후 주문이 들어오면 베스트켓의 B2B센터에 공급가를 결제하고 배송대행을 신청하면 창업자의 상호로 배송을 하는 서비스까지 제공하고 있다. 또한 도매토피아(www.dometopia.com)는 중국 상품을 직수입하여 도매가로 판매하고 있는 사이트이며, 한아름기프트(www.ihangift.com)는 판촉물을 도매가로 판매하고 있다.

한편, 도매토피아에서는 온라인 판매자들을 위해 상품이미지를 제공하고 있으며, 도매토피아(www.dometopia.com) 및 바이앤몰(www.bynmall.com)에서는 판매된 상품에 대한 포장과 배송까지 지원하고 있다.

10.3 핵심 성공요소 및 준비사항

① 도매사이트에서 제공하는 상품의 품질과 가격이 경쟁력이

있는가에 대해 옥션, G마켓 등과 같은 오픈마켓 및 인터넷 쇼핑몰에서 시장조사를 하는 것이 필요하다.

② 나까마 혹은 베스트켓에서 제공하는 상품이 주력상품(main items)이 될 것인가 혹은 구색상품이 될 것인가를 고려해야 한다. 즉, 창업자가 상품을 판매할 때에는 주력상품 외에도 구색상품도 필요한데, 각각에 대한 구입처를 미리 생각해 두는 것이 필요하다.

③ 초보 창업자들은 우선 도매사이트를 활용하여 상품을 구입하여 판매를 시작하고, 그 이후 경험과 노하우가 쌓이면서 국내 및 해외 도매시장에서 직접 공급받는 것을 생각해야 한다. 즉, 초기에는 도매사이트에서 구입한 상품들의 수가 많을 수 있지만, 경험과 노하우가 쌓이면서 도매상가를 통해 직접 구입하는 상품이 많아지도록 만드는 것이 필요하다.

11 프랜차이즈 방식의 인터넷쇼핑몰 창업

11.1 프랜차이즈 개념을 도입한 인터넷쇼핑몰 창업

일반적으로 인터넷쇼핑몰은 회사 혹은 개인이 하나의 인터넷 주소를 사용하여 운영한다. 하지만, 인터넷쇼핑몰 창업에 프랜차이즈 개념을 도입하게 되면, 여러 개의 인터넷 주소를 사용하여 여러 개의 인터넷쇼핑몰을 여러 명의 창업자가 동시에 운영하는 것이 가능하게 된다. 즉, 지금까지 오프라인에서만 존재하던 프랜차이즈 창업이 온라인에서도 가능하게 되었다는 특징이 있다.

또한 기존 프랜차이즈와 같이 전국적으로 가맹점을 모집할 수 있는데, 가맹점은 본사가 운영하는 인터넷쇼핑몰의 상품 데이터베이스(상품DB)를 활용하되 별도의 인터넷주소를 갖는 인터넷쇼핑몰을 운영할 수 있다. 이러한 가맹점의 수가 증가함에 따라 인터넷쇼핑몰을 창업한 본사의 수익은 급속하게 증가될 수 있다는 점에서 프랜차이즈 방식의 인터넷쇼핑몰 창업은 유망한 창업아이템 중의 하나라고 할 수 있다.

11.2 프랜차이즈 방식에 의한 인터넷쇼핑몰 창업의 유형

현재 메이크샵(www.makeshop.co.kr)에서는 프랜차이즈 2.0 솔루션을 활용하여 3가지 형태의 온라인 프랜차이즈 사업을 할 수 있도록 지원하고 있다. 이에 따라 창업자는 3가지 유형을 꼼꼼하게 분석한 후에 사업방향에 맞는 한 가지 유형을 선택하면 된다.

(가) A타입(본사 결제)

본사에서 결제 및 입금을 담당하고 배송까지 처리하며, 수수료를 가맹점(대리점)에 정산한다. A타입은 아래의 경우에 적합하다.

① 대형 프랜차이즈 유통망 구축을 목적으로 하는 상점

② 본사가 다수의 대리점을 관리하는 상점

③ 본사가 제조업체/원천 수입업체/총판업체인 상점

④ 오프라인의 대형 프랜차이즈가 온라인을 병행하는 상점

(나) B타입(대리점 결제)

본사에서는 상품만 등록하며, 가맹점(대리점)에서 고객결제 및

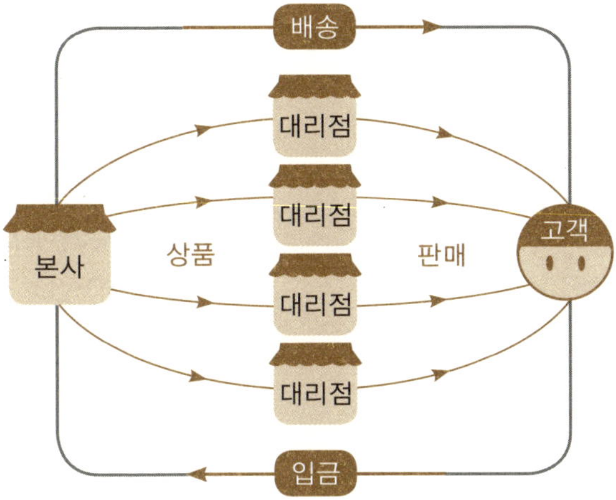

[그림 2-15] A타입

입금을 받고 공급가를 본사에 정산한다. B타입은 아래의 경우에 적합하다.

① 지역을 기반으로 하는 대리점을 운영하는 상점

② 상품공급이 주가 되는 소규모 온라인 상점

③ 소규모 유통업체가 중심이 되는 프랜차이즈 상점

④ 온라인 쇼핑몰을 프랜차이즈로 확장하고자 하는 상점

(다) C타입(대리점 결제 + 본사지원 상품)

본사에서 상품등록을 지원하고, 가맹점(대리점)에서는 본사상품을 포함하여 100개의 가맹점 상품을 추가적으로 등록하여 판매하며, 고객결제 및 입금을 받아 본사상품에 대해 공급가를 정산

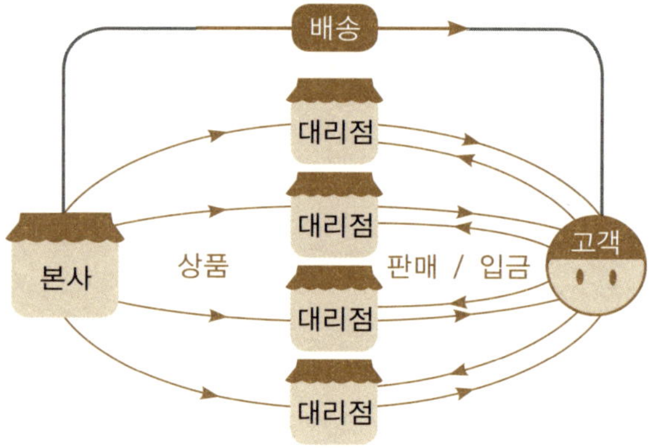

[그림 2-16] B타입

한다. C타입은 아래의 경우에 적합하다.

① 상품자체 제작능력을 보유한 상점

② 상품공급이 주가 되는 대규모 상점

③ 본사는 주로 관리를 위탁하고 고객의사를 중심으로 하는 주문제작 상점

④ 프랜차이즈 입점 전, 쇼핑몰 운영 경험이 있거나 재고상품을 다량 보유한 상점

위에서 제시한 3가지 중에서 특히 C타입을 주목할 필요가 있다. 즉, C타입은 가맹점(혹은 대리점) 자체상품을 100개까지 등록할 수 있다는 점에서 본사의 인터넷쇼핑몰과 비교하여 차별화를

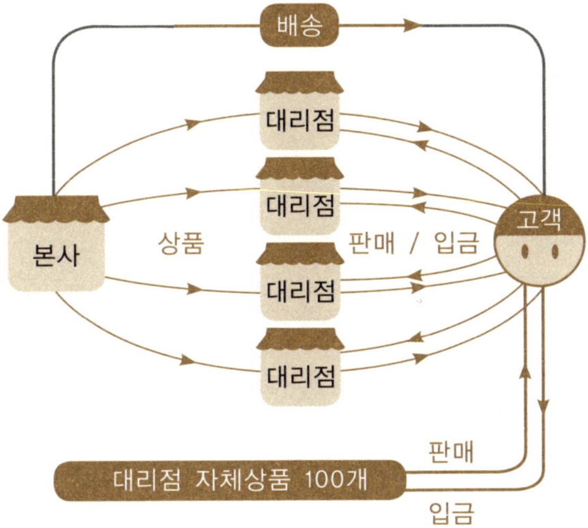

[그림 2-17] C타입

시킬 수도 있는 장점이 있기 때문이다.

11.3 프랜차이즈 방식에 의한 인터넷쇼핑몰 창업의 성공사례

프랜차이즈 개념을 도입한 인터넷쇼핑몰의 창업사례는 다음과 같으며, 하나씩 방문하여 벤치마킹을 해 보면 된다. 중요한 것은 아래의 사례들을 통하여 더 좋은 수익모델(Business Model)을 개발하는 것이라고 할 수 있다.

① 메리케이(www.mkkr.co.kr)

② 니케이(www.nikei.kr)

③ 제자들(www.kinderheim.kr)

④ 다농(www.dab2b.co.kr)

⑤ 피부조아(www.pibujoa.com)

⑥ 제과골목(www.bakingstreet.com)

⑦ 단체복 프랜차이즈(www.d-f.co.kr)

⑧ 엠에스존(www.olso.co.kr)

⑨ 슈퍼스타몰(www.superstarmall.co.kr)

⑩ 가이드 중고 컴퓨터(www.okpcmart.co.kr)

⑪ 아이퍼니처(www.ifurni.co.kr)

⑫ 케이크솝(www.cakesoap.co.kr)

12 소셜커머스 창업

12.1 소셜커머스(social commerce)의 개념

소셜커머스는 소셜 네트워크 서비스(SNS)를 통하여 이루어지는 전자상거래를 가리키는 말이다. 페이스북, 트위터 등의 소셜 네트워크 서비스(SNS; Social Network Service)를 활용하여 이루어지는 전자상거래의 일종으로, 일정수 이상의 구매자가 모일 경우 파격적인 할인가로 상품을 제공하는 판매방식이다. 소셜 쇼핑(social shopping)이라고도 한다. 상품의 구매를 원하는 사람들이 할인을 성사시키기 위하여 공동구매자를 모으는 과정에서 주로 소셜 네트워크 서비스를 이용하기 때문에 이런 이름이 붙었다(네이버 백과사전, 100.naver.com).

한편, 소셜커머스는 간단하게 생각하면 공동구매라고도 할 수 있으며, 소셜커머스 창업으로 성공하기 위해서는 공동구매자를 많이 모으는 것이 중요하다고 할 수 있다. 그렇기 때문에 소셜커머스 창업자는 트위터, 페이스북 등 다양한 형태의 SNS(Social Network Service)를 활용하여 적극적으로 홍보를 해야 하며, 아울러 카페(cafe) 혹은 블로그(blog)를 운영하여 홍보를 하는 것도 큰 도움이 될 수 있다.

12.2 소셜커머스 사이트

랭키닷컴(www.rankey.com)의 순위에 의한 주요 소셜커머스 사이트들은 아래와 같으며, 소셜커머스 창업에 관심있는 사람들은 벤치마킹을 하는 것이 필요하다.

① 쿠팡(www.coupang.com)

② 티몬(www.ticketmonster.co.kr)

③ 위메이크프라이스(www.wemakeprice.com)

④ 그루폰 코리아(www.groupon.kr)

⑤ CJ 오클락(www.oclock.co.kr)

⑥ 원어데이(www.oneaday.co.kr)

12.3 소셜커머스의 성공전략

소셜커머스(social commerce) 창업을 장기적으로 수익성을 확보하면서 진행하기 위해서는 다음과 같은 전략과 노력이 필요하다.

① 최근 GS샵, CJ오쇼핑, 롯데홈쇼핑에 이어 현대홈쇼핑까지 소셜커머스 형태의 서비스를 제공하며 이 분야 시장을 깊숙히 파고들고 있으며(아시아투데이, 2013. 2. 25), 홈쇼핑 업계의 온라인 모바일고객을 잡기 위한 경쟁이 가열되고 있는 실정이다. 이에 따라 기존 대형 소셜커머스 사이트와의 경쟁보다는 틈새시장을 공략하는 전략이 필요한데, 틈새시장은 고객 및 성별, 상품, 지역 등의 측면에서 생각할 수 있다.

② 위에서 언급을 하였듯이 카페(cafe) 혹은 블로그(blog)를 활용한 마케팅전략이 필요한데, 카페 혹은 블로그를 직접 운영할 수도 있고 다른 사람이 운영하고 있는 카페 혹은 블로그를 활용하여 홍보할 수도 있을 것이다.

③ 단골고객에 대한 관리 및 서비스 정책을 마련해야 하는데, 이를 통해서 고객의 충성도를 높일 수 있다. 특히 A/S에 대한 명확한 정책을 수립하여 고객의 불만을 줄이도록 노력하는 것이 중요하다.

13 해외 고객을 위한 인터넷쇼핑몰 창업

13.1 창업아이템의 개요

현재 대부분의 창업자들은 국내 고객만을 대상으로 상품과 서비스를 판매하고 있는 실정인데, 컴퓨터와 인터넷을 효과적으로 활용하면 전세계 고객을 대상으로 상품과 서비스의 판매가 충분히 가능하다. 예를 들어, 집에서도 컴퓨터 1대만 있으면, 해외 고객들을 대상으로 상품을 판매할 수 있는 다양한 전자상거래 사이트들을 개설할 수 있다. 또한, 다양한 외국어를 지원하는 인터넷쇼핑몰 솔루션들도 개발되어 있다.

13.2 해외 인터넷쇼핑몰 창업을 지원하는 사이트

임대형 인터넷쇼핑몰 전문업체에서는 국내 시장뿐만 아니라 해외의 고객들에게도 상품을 판매할 수 있도록 지원하고 있다. 예를 들어, 일본시장에 진출하려면 메이크샵이 개발한 메이크트랜스(www.maketrans.com)를 사용하여 인터넷쇼핑몰을 만들면 된다. 드림웹(www.dreamweb.co.kr)에서는 한국어 쇼핑몰뿐만 아니라 영어, 일어, 중국어로 인터넷쇼핑몰을 제작해 주고 있기 때문에 해외 고객을 대상으로 하는 인터넷쇼핑몰 창업을 지원하고 있다. 한편, 메이크샵(www.makeshop.co.kr)에서는 해외진출을 돕기 위해 해외판매 DGG, 잉글리쉬 HTML, 메이크글로비의 3가지 기능을 지원하고 있다.

(가) 해외판매 DGG

DGG는 Delivery Guarantee Global의 약자로 해외고객(외국인 및 교포)을 대상으로 상품을 판매할 수 있는 서비스이며, 메이크샵에서 운영하고 있는 쇼핑몰을 그대로 이용하여 추가 비용없이 무료로 사용할 수 있다.

(나) 잉글리쉬 HTML

잉글리쉬 HTML 서비스는 만국 공용어인 영어로 운영하는 쇼핑몰을 동일하게 제작하여 운영할 수 있는 서비스이다.

(다) 메이크글로비

중국어, 일본어, 영어 쇼핑몰을 통합적으로 제작하고 관리할 수 있는 해외 쇼핑몰 제작 솔루션이다.

13.3 핵심 성공요소 및 준비사항

① 해외 전자상거래에 대한 특징 및 국내 전자상거래와의 차별성에 대해 잘 이해하고 있어야 한다. 특히 상품을 판매하고자 하는 국가 고객들의 구매특성에 대한 파악도 사전에 진행되어야 한다.

② 배송은 어떻게 할 것이며, 환불 및 반품에 대한 준비 및 대책도 마련해야 한다. 아울러, 고객이 전화 혹은 메일로 문의를 할 경우에 신속하게 응답할 수 있도록 준비해야 한다.

③ 외국의 주요 포털을 조사하고 키워드 광고를 어떻게 진행할 것인가에 대한 준비도 해야 한다. 예를 들어, 메이크트랜스(www.maketrans.com)를 사용하여 일본 고객들을 대상으로 전자상거래 창업을 한다면, 일본의 어느 포털에서 키워드 광고를 진행할 것인가에 대한 계획이 구체적으로 준비되어야 할 것이다.

14 커뮤니티 기반 전자상거래 창업

14.1 커뮤니티 기반 전자상거래의 개념

카페(cafe)를 운영하고 있는 카페지기가 인터넷쇼핑몰을 운영하고 있거나 옥션, G마켓, 이베이 등에 상품을 등록하여 판매하고 있을 때에는 카페를 다음과 같은 방법으로 인터넷쇼핑몰처럼 운영할 수가 있다.

① 110×110 크기로 제작된 상품이미지들을 상품이미지 호스팅 사이트에 등록한다.

② 4.3의 '[상품등록게시판]을 활용한 인터넷쇼핑몰 만들기'에서 설명한 바와 같이, HTML 명령어를 사용하여 한 줄에 5개의 상품이미지를 배치하고 TABLE 명령어들을 활용하여 인터넷쇼핑몰 형태로 만들면 된다.

③ 상품이미지 및 판매구매 페이지 주소는 아래와 같이 사용하면 된다.

〈td〉

〈a href= "옥션, G마켓, 이베이 등에서의 판매구매 페이지 주소 (URL)" 〉

〈img src= "상품이미지 호스팅 사이트의 상품이미지 주소 (URL)" 〉

〈/a〉

〈/td〉

커뮤니티 기반 전자상거래 창업은 카페(cafe)에서 카페지기가 운영하고 있는 인터넷쇼핑몰, 옥션, G마켓, 이베이 등의 상품구매 페이지로 바로 접속을 할 수 있도록 HTML 명령어를 사용하여 링크를 제공하는 것이라고 생각하면 된다. 즉, 다양한 전자상거래 사이트에 대한 링크를 제공함으로써 회원들이 편리하게 구매를 할 수 있도록 지원하며, 이를 통하여 매출을 증가시킬 수 있다.

14.2 커뮤니티 기반 전자상거래를 위한 HTML 명령어

특정 상품을 여러 전자상거래 사이트에서 판매를 하고 있다면, [그림 2-18]와 같이 상품이미지 아래에 여러 전자상거래 사이트의 상품구매 페이지로 바로 연결될 수 있도록 하는 작은 이미지들을 동시에 보여주는 것이 필요하다. 구매자들은 평소에 자주 이용하는 전자상거래 사이트의 이미지를 클릭하여 구매하면 된다는 것이다.

[그림 2-18]에서 ①, ②, ③은 동일한 상품이 등록되어 있는 전자상거래 사이트의 이미지라고 생각하면 되는데, 예를 들어 ①의 이미지를 클릭하면 옥션의 주문페이지, ②의 이미지를 클릭하면 G마켓의 주문페이지, 그리고 ③의 이미지를 클릭하면 이베이(eBay)의 주문페이지로 링크가 되도록 HTML 명령어로 만들면 될 것이다.

[그림 2-18]을 HTML 명령어로 구현하면 다음과 같은데, 본

상품이미지	상품이미지	상품이미지	상품이미지	상품이미지
① ② ③	① ② ③	① ② ③	① ② ③	① ② ③

[그림 2-18] 복수의 전자상거래 사이트로의 연결방법

서 3장에서 설명하고 있는 "HTML 사용방법"을 공부한 후에 만들면 된다.

```
〈table border=0〉
〈tr〉
  〈td〉
    〈img src= "상품이미지 1의 주소(URL)"〉
  〈/td〉
  〈td〉
    〈img src= "상품이미지 2의 주소(URL)"〉
  〈/td〉
  〈td〉
    〈img src= "상품이미지 3의 주소(URL)"〉
  〈/td〉
  〈td〉
    〈img src= "상품이미지 4의 주소(URL)"〉
  〈/td〉
  〈td〉
    〈img src= "상품이미지 5의 주소(URL)"〉
  〈/td〉
```

〈/tr〉

〈tr〉

〈td〉

〈a href="상품이미지 1의 옥션 주문페이지 주소(URL)"〉〈img src="상품이미지 호스팅 사이트에 등록되어 있는 옥션 이미지의 주소(URL)"〉〈/a〉 | 〈a href="상품이미지 1의 G마켓 주문페이지 주소(URL)"〉〈img src="상품이미지 호스팅 사이트에 등록되어 있는 G마켓 이미지의 주소(URL)"〉〈/a〉 | 〈a href= "상품이미지 1의 이베이 주문페이지 주소(URL)"〉〈img src="상품이미지 호스팅 사이트에 등록되어 있는 이베이 이미지의 주소(URL)" 〉〈/a〉

〈/td〉

〈td〉

〈a href= "상품이미지 2의 옥션 주문페이지 주소(URL)" 〉〈img src= "상품이미지 호스팅 사이트에 등록되어 있는 옥션 이미지의 주소(URL)"〉〈/a〉 | 〈a href="상품이미지 2의 G마켓 주문페이지 주소(URL)"〉〈img src="상품이미지 호스팅 사이트에 등록되어 있는 G마켓 이미지의 주소(URL)"〉〈/a〉 | 〈a href="상품이미지 2의 이베이 주문페이지 주소(URL)"〉〈img src="상품이미지 호스팅 사이트에 등록되어 있는 이베이 이미지의 주소(URL)"〉〈/a〉

〈/td〉

〈td〉

〈a href=“상품이미지 3의 옥션 주문페이지 주소(URL)”〉〈img src=“상품이미지 호스팅 사이트에 등록되어 있는 옥션 이미지의 주소(URL)”〉〈/a〉 | 〈a href=“상품이미지 3의 G마켓 주문페이지 주소(URL)”〉〈img src=“상품이미지 호스팅 사이트에 등록되어 있는 G마켓 이미지의 주소(URL)”〉〈/a〉 | 〈a href=“상품이미지 3의 이베이 주문페이지 주소(URL)”〉〈img src=“상품이미지 호스팅 사이트에 등록되어 있는 이베이 이미지의 주소(URL)”〉〈/a〉

〈/td〉

〈td〉

〈a href= “상품이미지 4의 옥션 주문페이지 주소(URL)”〉〈img src= “상품이미지 호스팅 사이트에 등록되어 있는 옥션 이미지의 주소(URL)”〉〈/a〉 | 〈a href=“상품이미지 4의 G마켓 주문페이지 주소(URL)”〉〈img src=“상품이미지 호스팅 사이트에 등록되어 있는 G마켓 이미지의 주소(URL)”〉〈/a〉 | 〈a href=“상품이미지 4의 이베이 주문페이지 주소(URL)”〉〈img src=“상품이미지 호스팅 사이트에 등록되어 있는 이베이 이미지의 주소(URL)”〉〈/a〉

〈/td〉

〈td〉

〈a href=“상품이미지 5의 옥션 주문페이지 주소(URL)”〉

〈img src="상품이미지 호스팅 사이트에 등록되어 있는 옥션 이미지의 주소(URL)"〉〈/a〉 | 〈a href="상품이미지 5의 G마켓 주문페이지 주소(URL)"〉〈img src="상품이미지 호스팅 사이트에 등록되어 있는 G마켓 이미지의 주소(URL)"〉〈/a〉 | 〈a href="상품이미지 5의 이베이 주문페이지 주소(URL)"〉〈img src="상품이미지 호스팅 사이트에 등록되어 있는 이베이 이미지의 주소(URL)"〉〈/a〉

〈/td〉

〈/tr〉

〈/table〉

14.3 HTML 명령어의 활용

앞에서 제시한 '커뮤니티 기반 전자상거래를 위한 HTML 명령어'는 다양한 목적으로 활용이 가능하다. 예를 들어, 창업자가 다음(Daum) 및 네이버(Naver)에서 카페(cafe)를 운영하고 있다면, 2개의 사이트를 상호 연동시키기 위해서 HTML 명령어를 활용할 수 있다. 또한 홈페이지까지 운영을 하고 있다면, 3개의 사이트를 연동시키기 위해서도 활용할 수 있다. 즉, 창업자가 운영하고 있는 홈페이지, 카페(cafe), 블로그(blog) 등을 상호 연동시켜 홍보 효과를 극대화시킬 수 있다.

15 기타 인터넷을 활용한 창업

15.1 SNS를 기반으로 하는 전자상거래 창업

먼저 SNS(Social Networking Service)의 개념에 대해 위키피디아(Wikipedia, 2012)는 "관심이나 활동을 공유하는 사람들 사이의 교호적 관계망이나 교호적 관계를 구축해 주고 보여 주는 온라인 서비스 또는 플랫폼"으로 정의하고 있다. 또한 보다 이론적인 관점에서는 보이드와 엘리슨(Boyd & Ellison, 2008)의 정의가 대표적인데, 이들은 SNS를 "개인들로 하여금 특정 시스템 내에 자신의 신상 정보를 공개 또는 준공개적으로 구축하게 하고, 그들이 연계를 맺고 있는 다른 이용자들의 목록을 제시해 주며, 나아가 이런 다른 이용자들이 맺고 있는 연계망의 리스트, 그리고 그 시스템 내의 다른 사람들이 맺고 있는 연계망의 리스트를 둘러볼 수 있게 해주는 웹 기반의 서비스"라고 규정하고 있다(네이버 백과사전, terms.naver.com).

한편, SNS는 온라인 인맥 구축을 목적으로 개설된 커뮤니티형 웹사이트인데, 대표적인 웹사이트들은 다음과 같다.

① 트위터(www.twitter.com)

② 페이스북(www.facebook.com)

③ 마이스페이스(www.myspace.com)

④ 싸이월드(www.cyworld.com)

⑤ 미투데이(www.me2day.net)

창업자들은 이러한 소셜네트워크들을 활용하여 소셜커머스(social commerce) 창업 등을 진행할 수 있을 것이다. 아울러 SNS는 향후 온라인 전자상거래 창업의 핵심 기술이 될 것으로 예상되고 있는데, 이것은 미래의 사회는 특정 분야에 관심이 있는 사람들이 서로 모이고 교류하는 커뮤니티 기반 사회로 발전할 것으로 예상되기 때문이다.

한편, SNS를 기반으로 하는 전자상거래 창업을 하기 위해서는 다음과 같은 절차가 필요하다.

① 다양한 SNS에 가입하고 활동하여 창업자를 중심으로 하는 인적 네트워크를 지속적으로 확장시킨다.

② 카페(cafe), 블로그(blog)를 개설하여 운영하면서 창업자가 판

매하고자 하는 상품 및 서비스에 관심이 있는 네티즌들이 자주 방문하도록 한다. 또한 창업자가 판매하고자 하는 상품 및 서비스에 대한 정보를 지속적으로 제공하는 것이 필요하다.

③ 소셜커머스(social commerce) 사이트 혹은 전자상거래를 지원하는 웹사이트를 구축하여 운영한다.

④ 창업자의 소셜커머스(social commerce) 사이트 혹은 전자상거래를 지원하는 웹사이트를 SNS, 카페(cafe), 블로그 (blog)들과 연동시켜 운영한다.

15.2 기존 인터넷쇼핑몰에 입점하는 전자상거래 창업

소자본으로 창업을 하는 경우에는 인터넷쇼핑몰을 독립적으로 개설하여 운영하는 것이 어렵기 때문에 처음에는 기존 인터넷쇼핑몰에 입점하는 것이 오히려 더 유리할 수 있다. 예를 들어, 판매할 상품의 수가 많지 않을 때에는 독립적인 인터넷쇼핑몰의 창업이 불가능하기 때문에 전문적인 인터넷쇼핑몰에 입점하는 것이 더 좋다는 것이다.

랭키닷컴(www.rankey.com)의 순위에 의한 인터넷쇼핑몰들은 아래의 20가지로 분류되어 있는데, 창업자가 운영하고자 하는 인터넷쇼핑몰과 관련이 있는 기존 인터넷쇼핑몰에 입점을 추진할 수 있다.

① 종합쇼핑(755개)
② 가격비교(69개)
③ 의류 쇼핑몰(5,611개)
④ 쇼핑정보(494개)
⑤ 도서/음반/악기 쇼핑몰(441개)
⑥ 취미/스포츠 쇼핑몰(1,241개)
⑦ 패션잡화 쇼핑몰(1,817개)
⑧ 생활용품 쇼핑몰(1,472개)
⑨ 쇼핑 기타(706개)
⑩ 화장품/미용 쇼핑몰(1,084개)
⑪ 자동차(556개)
⑫ 식품/건강 쇼핑몰(1,655개)
⑬ 가구/인테리어 쇼핑몰(642개)
⑭ 명품(245개)
⑮ 유아/어린이 쇼핑몰(398개)
⑯ 산업용품 쇼핑몰(858개)
⑰ 통신 쇼핑몰(242개)
⑱ 컴퓨터/인터넷 쇼핑몰(443개)

⑲ 가전 쇼핑몰(435개)

⑳ 경매(89개)

15.3 인터넷쇼핑몰 창업과 카페를 활용한 공동구매

다음(Daum) 및 네이버(Naver)에서 무료로 개설할 수 있는 카페(cafe)를 활용하여 공동구매를 진행할 수 있는 인터넷쇼핑몰을 구현할 수도 있는데, 단순히 게시판만을 이용해도 된다. 일본에서 나이키 신발을 직수입하여 인터넷쇼핑몰 소호리(www.soholee.com)를 운영하고 있는 이상철 대표는 슛터링(cafe.daum.net/shootering) 카페를 개설하여 공동구매도 진행했다.

15.4 앱(app) 및 e-메일 기반 전자상거래 창업

스마트폰을 사용하는 사람들이 급속하게 증가됨에 따라 다양한 종류의 앱(app)이 계속 개발되고 있는 실정이다. 예를 들어, 애플이 2008년에 앱스토어 서비스를 시작한 이후 앱스토어(www.apple.com/kr/iphone/from-the-app-store)에는 100만 번째 앱이 등록되었으며, 구글 플레이(play.google.com/store)에 등록된 앱도 70만개를 넘은 것으로 조사되었다 (중앙일보, 2012. 11. 20).

또한 네트워크를 통해 단체로 물건을 구입하는 소셜쇼핑(social shopping)의 경우에는 구매신청이 개인의 블로그(blog)나 트위터(twitter), 미투데이(me2day), e-메일, SNS 등 소셜미디어를 통해 이뤄지고 있으며(헤럴드생생, 2010. 10. 08), e-메일 주소는 전자상거래에 다양하게 활용되고 있는 실정이다.

① 포스트맨(www.postman.co.kr), 문자조아(www.smsjoa.com) 등의 웹사이트에서는 홍보를 위한 e-메일 및 문자 발송서비스를 제공하고 있다.

② 이베이(eBay)에서 상품을 판매하거나 구매하기 위해서는 페이팔(www.paypal.com/kr)에 가입을 해야 하는데, 페이팔에서는 e-메일 주소를 계정으로 사용하고 있다. 즉, e-메일 주소가 은행에서 사용하는 계좌번호의 역할을 담당하고 있다(권영설, 2012).

③ 국내에서도 e-메일로 돈을 보낼 수 있는 e-메일 송금 서비스가 등장을 하였다. 최근 e-메일을 이용해 개인끼리 돈을 주고받을 수 있는 P2P(개인 대 개인) 기반의 송금 서비스가 잇따라 등장하고 있는 실정이다. P2P 기반 e-메일 송금 서비스는 지난 1999년 초 미국에서 선보인 후, 현재 페이팔닷컴(www.paypal.com), 페이미닷컴(www.PayMe.com), 이카운트닷컴 등 30여개 업체가 치열한 경쟁을 벌이고 있다(매일경제, 2000. 7. 18; 한국일보, 2001. 3. 7).

이러한 앱(app)의 성장과 e-메일 주소를 활용한 결제서비스의 발전을 볼 때에 앱(app) 및 e-메일 기반 전자상거래 창업도 활성화될 것으로 예상되고 있다. 다만, 포털에서의 키워드 광고 진행이 현실적으로 불가능하다는 단점과 더불어 경쟁이 너무 치열한 레드오션 시장이 될 수 있다는 것을 감안할 필요가 있다.

Internet Business

3

인터넷창업의 홍보 및 광고전략

무점포 무일푼으로 인터넷 창업하기

창업자가 판매하고 있는 상품과 서비스를 효과적으로 홍보하거나 광고하기 위해 반드시 알아야 하는 것이 바로 HTML과 포토샵이라고 할 수 있다. 예를 들어, 최근 오프라인에 비하여 온라인에서 진행되고 있는 홍보와 광고가 지속적으로 증가하고 있으며, 온라인 홍보와 광고를 제대로 진행하기 위해서는 HTML과 포토샵을 잘 활용하는 것이 대단히 중요하다고 할 수 있다.

1 HTML 사용방법

인터넷을 활용하여 돈을 벌고 싶은 창업자가 반드시 알아야 하는 것 중의 하나는 바로 HTML인데, HTML은 Hyper Text Markup Language의 약어로서 홈페이지, 인터넷쇼핑몰 등에서 웹 문서를 만들기 위하여 사용하는 기본적인 프로그래밍 언어의 한 종류이다(김석주, 1997. 2. 20).

예비창업자들이 알아야 하는 필수 HTML 명령어들은 아래와 같은데, 아래의 HTML 명령어들을 마음대로 활용할 수 있으면 충분하다. 다만, HTML 명령어를 공부할 때에 사전에 알아야 하는 사항들은 아래와 같다.

① HTML 명령어는 대문자보다는 소문자로 작성하는 것이 좋다.

② 이미지 파일명은 한글보다는 영어 소문자로 하는 것이 좋다.

③ HTML 명령어를 사용할 때에는 띄어쓰기에 유의해야 한다.

(1) 이미지 불러오기

〈img src="http://www.mis.or.kr/images/new_main_13.gif"〉

위의 HTML 명령어는 웹사이트(www.mis.or.kr) 내의 폴더(images) 안에 저장되어 있는 이미지 파일(new_main_13.gif)을 불러와서 웹 브라우저(Internet Explorer) 화면에서 보여 달라는 의미로 해석할 수 있다. 옥션, G마켓 등의 오픈마켓에서의 상품 등록에서 상세정보를 만들 때에 사용하는 명령어로서 상품이미지 호스팅 사이트에 상품이미지를 등록하면 파일경로가 자동으로 생성된다.

(2) 텍스트 혹은 이미지를 클릭했을 때에 특정 사이트로 링크하기

〈a href="http://www.mis.or.kr" target=win1〉
〈FONT COLOR=RED SIZE=3〉〈B〉사랑나눔회〈/B〉〈/FONT〉
〈/a〉

홈페이지, 카페(cafe) 혹은 블로그(blog)에서 텍스트(예: 사랑나눔회)를 클릭하면 웹사이트(www.mis.or.kr)로 링크시키는 명령어이다.

그런데 target=win1은 새로운 웹브라우저(Internet Explorer)를 불러와서 웹사이트(www.mis.or.kr)로 링크시키라는 의미이다. 실습할 때에 target=win1을 삭제한 후에 실습해 보면 그 차이를 쉽게 알 수 있다.

〈FONT COLOR=RED SIZE=3〉〈B〉사랑나눔회〈/B〉〈/FONT〉 명령어를 해석해 보면, 사랑나눔회라는 글자를 붉은색(COLOR=RED)으로, 크기는 3으로, 그리고 진하게(B) 표시하라는 의미이다. 아울러, RED 대신에 다른 컬러를 상징하는 단어, 3 대신에 다른 숫자, B를 삭제한 후에 사용해 보면 그 차이를 알 수 있다. 참고로 숫자 3은 HWP로 10 폰트 크기에 해당된다.

〈a href = "http://www.mis.or.kr" target = win1〉
〈img src = "http://www.mis.or.kr/images/new_main_13.gif"〉
〈/a〉

아울러, 위와 같이 사랑나눔회라는 글자 대신에 이미지(new_main_13.gif)를 불러오는 명령어를 사용할 수 있는데, 이미지(new_main_13.gif)를 클릭하면 웹사이트(www.mis.or.kr)로 링크시키는 HTML 명령어이다. 즉, 텍스트(사랑나눔회)를 클릭할 수도 있고, 이미지(new_main_13.gif)를 클릭할 수도 있다는 것을 의미한다.

(3) 테이블 만들기

```
〈table border=1〉
〈tr〉
  〈td〉
    〈img src="http://www.mis.or.kr/images/booknewbiz.gif" width
        =270〉
  〈/td〉
  〈td〉
    〈img src="http://www.mis.or.kr/images/new_main_13.gif"〉
  〈/td〉
〈/tr〉
〈/table〉
```

위의 명령어는 〈tr〉 명령어로 만든 한 줄로 된 테이블(table)에 〈td〉 명령어를 이용하여 2칸을 만든 후에 〈img src〉 명령어를 사용하여 이미지(booknewbiz.gif, new_main_13.gif)를 불러와서 2칸에서 보여주는 명령어이다. 즉, [그림 3-1]에서와 같이 각 칸에서 이미지를 보여주게 된다. 또한 border=1은 테이블의 테두리를 1 픽셀(pixel)로 나타내라는 것이며, width=270은 이미지의 가로 폭을

270 픽셀로 하라는 의미이다. 만약에 이미지의 높이를 조절하려면 height=270과 같이 사용하면 된다. 즉, width와 height를 사용하여 이미지의 가로와 세로 길이를 적당하게 조정할 수 있다.

booknewbiz.gif 이미지	new_main_13.gif 이미지

[그림 3-1] table 명령어로 만든 테이블의 모양

(4) 특정 게시판의 글 제목을 카페 메인에 배치한 후에 링크시키는 방법

카페(cafe)의 특정 게시판에 교류모임 혹은 행사에 대한 홍보 글을 등록한 후에 그 글의 제목을 카페 메인에 등록하고, 네티즌들이 글의 제목을 클릭하면 그 글의 내용을 볼 수 있도록 하는 것을 HTML 명령어로 만들 수 있다. 이것은 아래의 방법으로 할 수 있다.

① 텍스트를 클릭했을 때에 특정 사이트로 링크하기를 활용하면 된다. 아래에서 '사랑나눔회' 대신에 교류모임 혹은 행사제목 및 일정을 입력하면 된다.

〈a href="http://www.mis.or.kr" target=win1〉

〈FONT COLOR=RED SIZE=3〉〈B〉사랑나눔회〈/B〉〈/FONT〉

〈/a〉

〈a href="http://www.mis.or.kr" target=win1〉

〈FONT COLOR=BLUE SIZE=3〉〈B〉창업교육〈/B〉〈/FONT〉

〈FONT COLOR=RED SIZE=3〉〈B〉12월 31일(토)〈/B〉〈/FONT〉

〈/a〉

② a href="http://www.mis.or.kr"에서 따옴표 내에 게시판에 등록되어 있는 글의 제목 위에서 오른쪽 마우스를 클릭한 후에 속성을 선택하여 주소(URL)를 복사하여 입력하면 된다. 즉, 게시판에 등록되어 있는 글의 주소(URL)로 링크시키라는 것인데, 결국 그 글의 내용을 볼 수 있도록 한다.

③ target=win1은 없어도 되고 있어도 상관이 없다.

④ 앞에서 만든 HTML 명령어들을 활용하여 테이블(table)로 만들면 된다.

(5) FIELDSET을 활용하여 글상자를 만들기

창업길라잡이(http://cafe.daum.net/isoho2jobs)와 같이 글상자를 만

들어서 사용하면 보기가 좋은데, 아래의 명령어들을 활용하며 된다. 특히 FIELDSET 내에서는 4곳의 green 대신에 사용하고 싶은 선 색깔의 영어단어 혹은 포토샵의 색상 피커에 있는 값(# 옆의 기호) 및 선의 굵기를 표시하는 3px 대신에 다른 값을 입력하면 된다. 즉, 글상자를 만들기 위해 사용하는 4개 선의 색깔과 굵기를 변경하여 사용하면 된다.

〈FIELDSET style="BORDER−RIGHT: green 3px solid; PADDING−RIGHT: 4px; BORDER−TOP: green 3px solid; PADDING−LEFT: 4px; PADDING−BOTTOM: 4px; BORDER−LEFT: green 3px solid; WIDTH: 100%; PADDING−TOP: 4px; BORDER−BOTTOM: green 3px solid; HEIGHT: 51px"〉

〈TABLE width="100%" bgColor=white〉

〈TBODY〉

〈TR〉

〈TD〉

□□□ html 명령어를 넣는다 □□□

〈/TD〉

〈/TR〉

〈TR〉

〈TD bgColor=white〉

□□□ html 명령어를 넣는다 □□□

〈/TD〉

〈/TR〉

〈/TBODY〉

〈/TABLE〉

〈/FIELDSET〉

위에서 bgColor=white는 전체 테이블의 배경색을 흰색으로 하라는 의미이며, bgColor 명령어는 아래와 같이 사용할 수 있다.

① 〈TR bgColor=yellow〉: 특정 줄(row)의 배경색을 지정한다.

② 〈TD bgColor=yellow〉: 특정 칸(column)의 배경색을 지정한다.

☞ 창업길라잡이(http://cafe.daum.net/isoho2jobs)의 [창업강의실+실습교육] 게시판에 있는 HTML 명령어들을 이용하여 스스로 공부하면 되며, 특히 81~82번의 〈FIELDSET〉을 활용한 사례를 활용하면 도움이 된다.

2 포토샵으로 이미지 만들기

창업자에게 포토샵은 필수적이라고 할 수 있는데, 초보자들이 알아야 할 포토샵 실무지식을 아래에서 9단계로 나누어서 설명하기로 한다(김영문, 2012).

2.1 작업창 만들기

① 새로운 이미지를 만들기 위하여 [그림 3-2]와 같이 작업창을 만들어야 한다.

② 이를 위해서 먼저 포토샵을 실행하고, File 메뉴에서 New 메뉴를 클릭한다.

③ 나타난 대화상자에서 작업에 필요한 가로, 세로 크기를 입력한다. 이때에 주의할 점은 반드시 픽셀(pixels)이라는 단위를 사

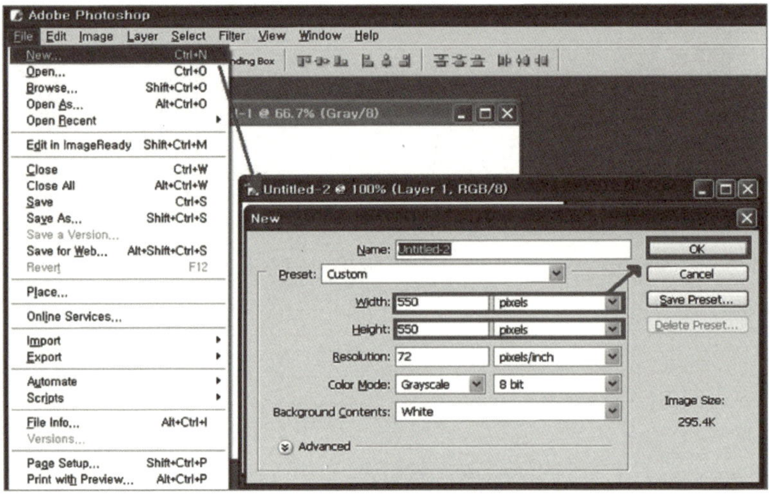

[그림 3-2] 작업창 만들기 화면

용해야 한다는 것이다. 여기에서 포토샵 이미지를 이루는 가장 작은 단위인 네모 모양의 작은 점들을 '픽셀(pixel)'이라고 하는데, 픽셀은 영어로 그림(picture)의 원소(element)라는 뜻을 갖도록 만들어진 합성어이다. 우리말로는 '화소(畵素)'라고 번역한다(네이버 지식사전, terms.naver.com).

2.2 이미지 불러오기

① [그림 3-3]과 같이 작업에 필요한 이미지를 불러온다.

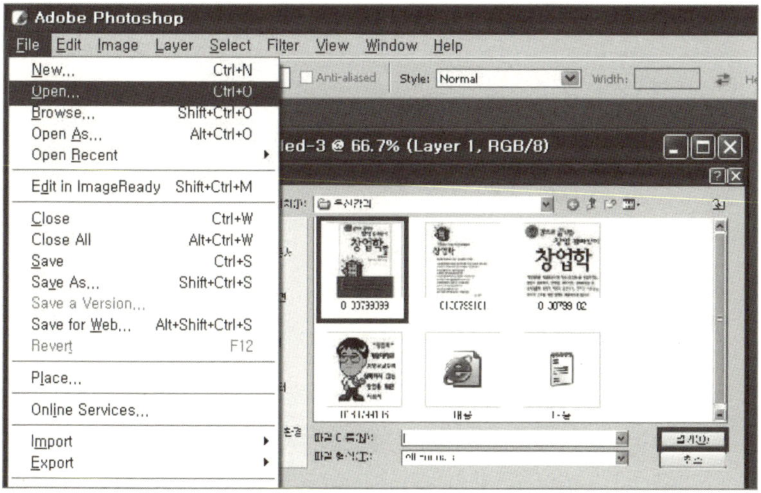

[그림 3-3] 이미지 불러오기 화면

② File 메뉴에서 Open 메뉴를 클릭하여 필요한 파일을 찾아 열기를 클릭한다.

2.3 작업창에 이미지 붙이기

① [그림 3-3]에서 이미지를 불러온 원본 창을 선택한 후에 레이어 창에서 레이어를 선택한 상태에서 새로 만들 이미지 창(작업창)으로 레이어를 드래그 앤 드롭(drag-and-drop)한다([그림 3-4]를 참조).

[그림 3-4] 작업창에 이미지 붙이기 화면

② 원하는 부분을 선택하고 Ctrl+C 키를 눌러서 복사하기를 하고, 새로 만들 이미지 창(작업창)을 선택하고 Ctrl+V 키를 눌러서 붙이기를 하면 된다.

2.4 이미지 크기 조절하기

① 적용된 이미지 크기를 조절하기 위하여 Edit 〉 Free Transform 메뉴를 선택한다.

② 이를 클릭하거나 Ctrl+T를 누르면 이미지에 꼭지점이 달린 사각형이 생긴다.

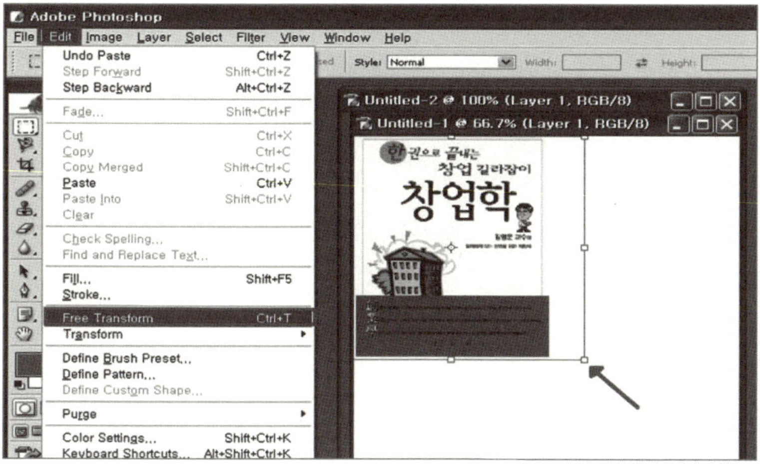

[그림 3-5] 이미지 크기 조절하기 화면

③ 꼭지점을 이용하여 이미지의 크기를 적당히 맞춘다. 또한 Shift키를 누르고 마우스로 이미지의 크기를 조정하면, 가로-세로 비율이 일정하게 조정된다([그림 3-5]를 참조).

2.5 이미지의 위치를 이동하기

이미지의 크기 조정이 완료되면, 툴바의 선택도구를 클릭하고 이미지를 선택한 후에 원하는 곳으로 이동시킨다([그림 3-6]을 참조).

[그림 3-6] 이미지 이동하기 화면

2.6 이미지 저장하기

① 작업이 완료된 이미지를 저장한다([그림 3-7]을 참조).

② File 〉 Save for Web... 메뉴를 선택하여 원하는 폴더에 파일을 저장한다. 한편, 포토샵에서 이미지를 저장할 때에는 다음과 같이 3가지 방법으로 저장을 할 수 있다.

i) File 〉 Save: 원본 파일을 저장할 때에 사용하며, PSD 파일로 저장되기 때문에 나중에 수정하여 사용할 수 있다. 포토샵 이미지 중에서 반드시 보관해야 하는 이미지라고 할

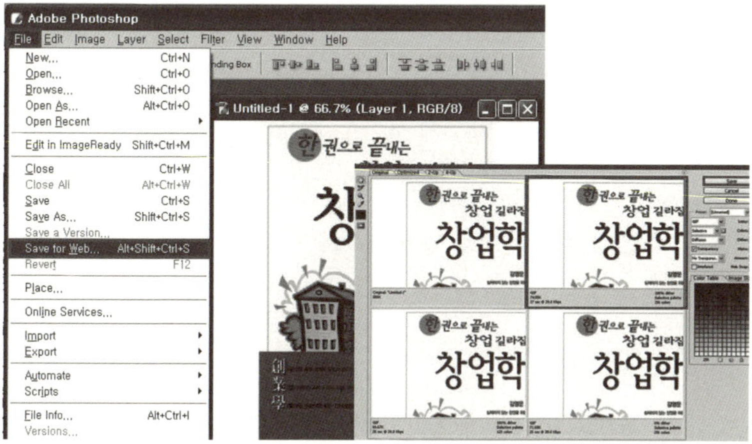

[그림 3-7] 이미지 저장하기 화면

수 있다.

ii) File 〉 Save as: JPG, GIF 등 다양한 형태로 저장할 때에 사용하는데, 저장한 후에는 수정할 수가 없다.

iii) File 〉 Save for Web...: 용량이 다른 4가지 형태의 이미지를 보여주는데, 이 중에서 하나를 선택하여 저장할 때에 사용한다. 일부 웹사이트에서는 이미지의 용량을 제한하는 경우가 있는데, 이러한 웹사이트에 이미지를 등록할 때에 사용하게 된다.

2.7 텍스트 추가하기

포토샵으로 만든 이미지에 텍스트로 설명을 추가할 수 있도록 하는 것이 상품의 홍보와 판매에도 도움이 될 것이다. 텍스트를 적용하기 위해서는 아래의 방법으로 하면 된다.

① [그림 3-8]과 같이 텍스트 입력 아이콘을 선택한다

② 텍스트를 입력할 위치의 범위를 정하여 드래그한다.

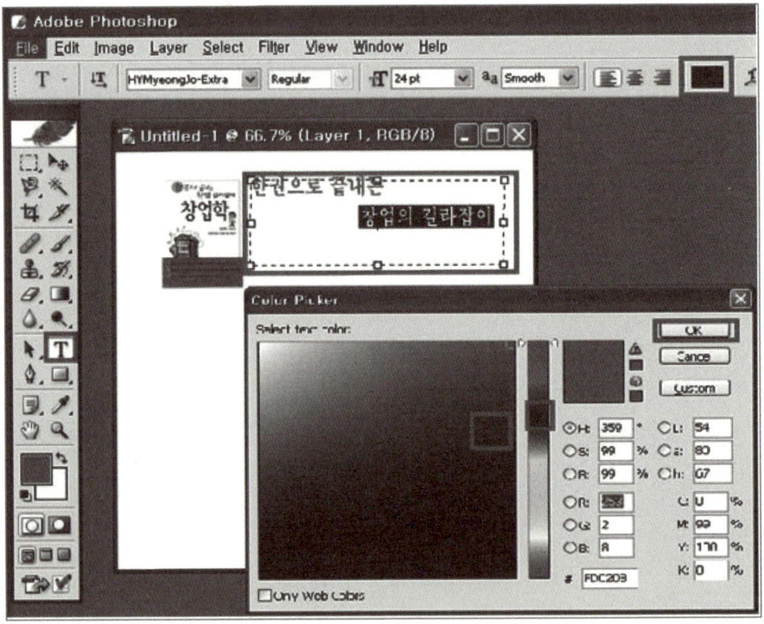

[그림 3-8] 텍스트 추가하기 화면

③ 커서에 필요한 글자를 입력한다.

④ 색상 또는 글꼴, 크기를 변경할 필요가 있으면 글자에 블록을 잡고 색상, 글꼴, 크기를 변경한다.

2.8 텍스트에 효과주기

텍스트에 효과를 주는 것은 글자의 모양을 예쁘게 만드는 과정이라고 할 수 있는데, 주요 내용은 다음과 같다.

[그림 3-9] 텍스트에 효과주기 화면

① 작업할 텍스트 레이어를 선택하고 레이어에서 더블클릭을 한다([그림 3-9]를 참조).

② 새로 나타난 레이어스타일(Layer Style) 창에서 Drop Shadow를 선택하여 텍스트에 그림자를 만들고, 그림자 때문에 글자가 보이지 않으면 제일 아래 Stroke를 선택하고 테두리 색상을 설정한다.

③ 그림자와 테두리선만 잘 이용하여도 보다 효과적인 텍스트 이미지를 만들 수 있다.

2.9 텍스트 적용하기

① [그림 3-10]과 같이 상품내용을 표시하기 위하여 텍스트 레이어를 추가시켜 내용을 입력한다.

② 내용 입력을 완료하고, 수정할 필요가 있으면 수정할 텍스트 레이어를 선택한다.

③ 툴 바에서 텍스트 아이콘을 선택하여 이미지 위를 클릭하여 텍스트를 수정모드로 바꾼다.

④ 수정할 내용의 텍스트를 블록을 잡고 텍스트 변경 창을 이용하여 글자크기, 줄 간격 등을 보기 좋게 수정하면 된다.

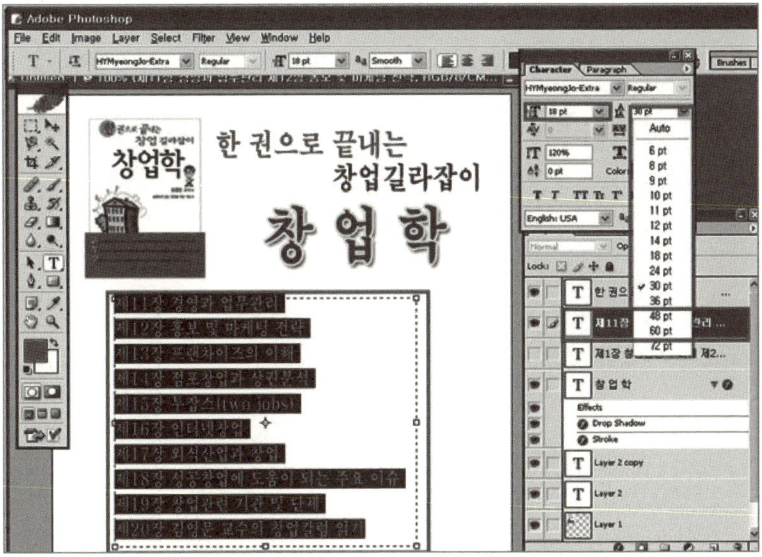

[그림 3-10] 텍스트 적용하기 화면

2.10 포토샵의 활용

(1) 카페에 이미지를 사용하는 방법

창업길라잡이(http://cafe.daum.net/isoho2jobs)에 보면, 카페 메인에 여러 개의 이미지를 활용하여 홍보를 하고 있다. 이를 위해서는 먼저 포토샵을 활용하여 이미지들을 만들어야 하며, 만든 이미지들을 상품이미지 호스팅 사이트에 등록한 후에 HTML 명령어를 활용하여 불러와야 한다. 구체적으로 설명하면 아래와 같다.

① 포토샵(photoshop)으로 상품이미지를 만든다.

② 만든 상품이미지를 상품이미지 호스팅 사이트에 등록해야 하는데, 상품이미지 호스팅 사이트는 매월 1~3만원을 지불하고 사용하는 유료 사이트들이다. 포털사이트에서 상품이미지 혹은 호스팅 사이트를 검색하면 쉽게 찾을 수 있다.

③ 호스팅 사이트에 상품이미지를 등록하면 자동적으로 보여주는 파일경로(주소)를 복사하여 사용하면 된다.

(2) 상품이미지 호스팅 사이트의 이용

인터넷쇼핑몰, 옥션, G마켓, 카페와 블로그 등을 활용한 창업자들이 반드시 알아야 하는 것이 바로 이미지 호스팅 사이트의 활용방법이라고 할 수 있다. 예를 들어, 옥션의 상세정보에 나타나는 상품이미지들은 옥션에 등록되는 것이 아니라 외부의 이미지 호스팅 사이트에 상품이미지를 등록한 후에 HTML 명령어(img src 명령어)를 이용하여 불러와서 옥션의 상세정보 페이지에서 보여주게 되는 것이다.

이미지 호스팅 사이트에는 무료 혹은 유료로 사용할 수 있는 사이트들이 매우 많은데, 유료 사이트의 경우에는 월 1~3만원의 비용만 부담하면 된다. 포털 사이트에서 이미지 호스팅, 상품이미지, 호스팅 등의 키워드로 검색하면 다양한 이미지 호스팅 사이트들을 쉽게 찾을 수 있다.

한편, 아래 [그림 3-11]은 무료로 사용할 수 있는 올비(www.olbi.co.kr)에서의 상품이미지 등록화면인데, 파일관리에서 상품이미지를 등록하면 아래와 같은 파일경로가 자동으로 나타난다.

〈img src="http://www.olbi.co.kr/user_folder/newbiz2001/mis01.jpg"〉

위의 파일경로를 해석해 보면, 올비(www.olbi.co.kr)의 user_folder 내에 있는 newbiz2001 폴더 내의 상품이미지(mis01.jpg)를 불러와서 보여 달라는 의미로 해석하면 된다. 창업자는 위의 파일경로

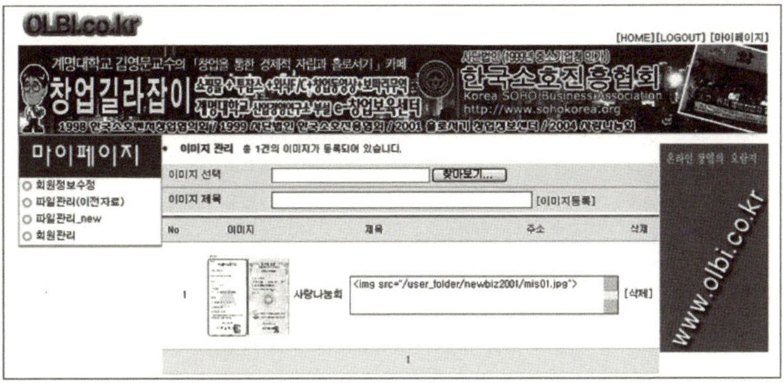

[그림 3-11] 올비의 상품이미지 등록화면

를 복사(Ctrl + C)하여 필요한 곳에 그냥 붙여넣기(Ctrl + V)만 하면 모든 작업이 끝나게 된다.

☞ 창업자들의 경우에는 위에서 언급한 상품이미지 호스팅 사이트에 등록된 상품이미지들을 외장형 하드 혹은 DVD를 활용하여 별도로 저장해 두는 것도 잊지 말아야 한다. 아울러, 포토샵으로 상품이미지를 만든 후에는 원본 파일(*.psd)을 반드시 보관하고 있어야 필요할 때에 수정하여 사용할 수 있다는 것도 기억해야 한다.

3 상품의 판매 및 매출증대를 위한 홍보와 광고 전략

3.1 홍보를 위한 이메일 및 문자의 발송

요즈음은 이메일과 휴대폰 문자를 통해 홍보하는 경우가 많은데, 수백개 혹은 수천개 이상의 이메일과 문자를 발송하기 위해서는 [그림 3-12]의 포스트맨(www.postman.co.kr)과 같은 전문사이트를 활용하면 편리하다. 포스트맨의 주요 활용방법은 다음과 같다.

① 포스트맨(www.postman.co.kr)에서는 대량 이메일 발송, 대량 SMS/MMS발송, 대량 팩스발송, 주소록 관리, 발송결과 확인, 프리미엄 서비스 등의 기능을 제공하고 있다.

② 먼저 엑셀(Excel)을 이용하여 이름, 이메일 주소, 휴대폰 번호 등을 입력하여 파일로 저장한 후에 포스트맨의 [주소록]에 등

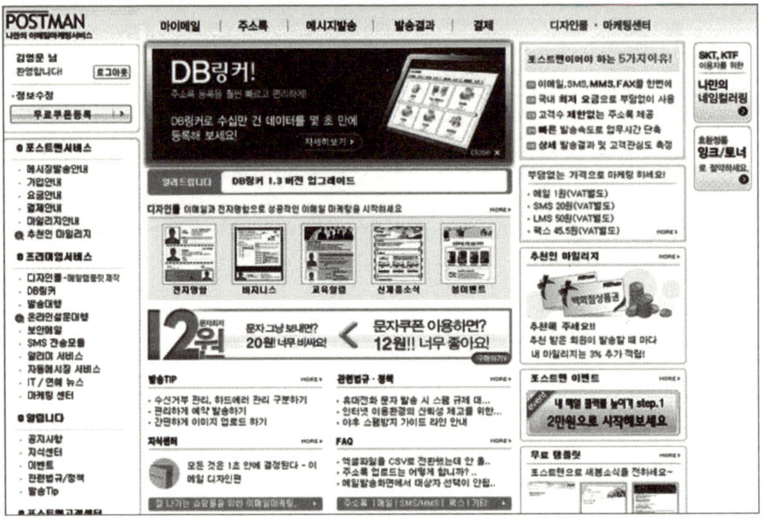

[그림 3-12] 포스트맨의 초기화면

록하면 되는데, 주소록 등록방법에 대해서는 [동영상 보기]를 클릭하면 자세하게 설명되어 있다.

i) 엑셀에서 파일형식을 텍스트(탭으로 분리)로 저장한다.

ii) 포스트맨(www.postman.co.kr)의 [주소록]에서 새로 추가할 그룹명을 입력한 후에 [신규그룹등록]을 클릭한다.

iii) 이메일 주소를 등록할 그룹명을 선택한 후에 고객등록(대량)을 선택한다.

iv) 구분자를 [탭]으로 지정한 후에 저장된 텍스트 파일을 찾아서 등록하면 된다.

③ [메시지발송]에서 [이메일 DB링크발송]을 선택하면 주소록에 저장되어 있는 이메일주소로 이메일을 발송할 수 있는데, 이메일 주소 한 개에 1원을 지불하면 된다.

④ [메시지발송]에서 [SMS/MMS DB링크발송]을 선택하면 주소록에 저장되어 있는 휴대폰번호로 문자를 발송할 수 있는데, 휴대폰 번호 1개에 18~20원을 지불하면 된다.

⑤ [발송결과]에서 [메일발송리포트] 혹은 [SMS/MMS 발송리포트]에서 이메일 혹은 문자 발송의 결과를 확인할 수 있다. 아울러, 발송이 되지 못한 이메일 혹은 문자의 원인도 알 수 있다.

한편, 포스트맨의 장점은 메일 혹은 문자의 도착 및 열람에 대해 확인을 할 수 있다. 즉, 문자가 도착을 했는지 혹은 휴대폰 번호가 없어서 문자가 도착하지 않았는지에 대한 정보도 제공해준다.

3.2 카페와 블로그를 운영하여 홍보

요즈음은 전통적인 형태의 홈페이지(혹은 웹사이트)보다는 각종 포털사이트에서 무료로 제공되는 블로그(blog)와 카페(cafe)를 웹사이트로 활용하는 기업 혹은 창업자들이 늘어나고 있다. 또한 현재 홈페이지를 운영하고 있다고 할지라도 추가적으로 블로그와 카페를 개설하여 운영을 하게 되면 그만큼 홍보 및 마케팅의 효과가 커진다는 것이며, 아무리 많이 개설해도 돈이 들어가지 않는다는 장점까지 있다.

사실, 저자의 경우에도 블로그와 카페를 포함하여 32개 정도를 운영하고 있는데, 무료라는 장점 외에도 홍보효과가 매우 크다는 것이다. 총 32개의 사이트를 관리하는 데 많은 시간이 필요할 것이라고 생각할 수도 있지만, 똑 같은 글을 스크랩을 하거나 Ctrl+C를 이용하여 복사하고, Ctrl+V를 이용하여 붙이기를 하는 데 얼마의 시간이 걸리겠는가? 10분도 채 걸리지 않는다는 것이다. 만약에 100개의 블로그 및 카페를 운영하고 있다고 생각해 봐라. 1시간 정도이면 100개의 사이트에서 내가 하는 일을 홍보할 수가 있다는 것이다. 아울러 얼마나 홍보효과가 클 것인가를 생각해 보면 될 것이다.

(1) 카페를 개설할 수 있는 사이트

현재 다음(Daum)과 네이버(Naver)를 추천할 수 있는데, 카페를 개설하고 운영하는 기본적인 기능은 거의 비슷하다. 창업자의 입장에서 보면 적어도 다음과 네이버에서 동시에 개설하는 것이 좋으며, 아래와 같이 아이디를 동일하게 만드는 것이 가장 이상적이라고 할 수 있다.

① 다음 카페의 주소: cafe.daum.net/아이디

② 네이버 카페의 주소: cafe.naver.com/아이디

③ 홈페이지의 주소: www.아이디.co.kr, www.아이디.kr, www.아이디.com

카페를 한번도 만들어 본 적이 없다면, 창업길라잡이(cafe.daum.net/isoho2jobs)의 [창업강의실+실습교육]의 5~6번 글을 읽어보면 쉽게 만들 수 있다. 또한 가입회원이 10,000명이 넘는 카페들을 가입하여 꾸준히 벤치마킹을 하는 것도 카페를 활용한 홍보를 효과적으로 진행하는 데 도움이 될 것이다.

또한 카페(cafe)는 기존의 홈페이지를 대신하여 사용할 수가 있다. 즉, 카페를 개설한 후에 www로 시작되는 도메인을 구입하여 카페주소로 포워딩(forwarding)을 시키면 되는데, 이것은 도메인을 구입한 회사에 요청하면 된다.

(2) 블로그를 개설할 수 있는 사이트

블로그의 경우에는 다음(daum), 네이버(naver), 구글(google), 이글루스(egloos), 고도(godo) 등에서 개설할 수 있는데, 카페를 만들 수 있으면 블로그를 만드는 것은 너무 쉬운 일이다. 블로그도 카페와 마찬가지로 창업기업의 홈페이지로 충분히 활용할 수 있다.

(3) 도메인 포워딩 기능의 활용

도메인 포워딩(domain forwarding) 기능을 활용하면, 비교적 긴 카페 주소와 블로그 주소를 짧은 일차 도메인(www로 시작되는 도메인)으로 접속할 수가 있는데, 도메인 구입업체에 요청하면 된다. 예를 들어, 창업기업이 개설한 카페(cafe.daum.net/isoho2jobs)와 같은 긴 주소를 www.mis.or.kr로 접속할 수 있도록 해 준다는 것이다.

3.3 소점포에서의 다양한 광고를 진행

소상공인 혹은 영세자영업자들의 경우에는 광고비에 많은 돈을 투자할 수 없는 실정이며, 이에 따라 적은 광고비로 최대한 효과를 올릴 수 있는 광고 전략이 필요하다. 소점포를 운영하는 창업자들이 이용할 수 있는 광고들은 다음과 같다(김영문, 2011).

(가) 전단지광고

A4 1장 크기의 전단지를 만들어서 배포하는 것을 말하는데, 전단지는 신문 배달시 신문에 끼워 배달하는 방법, 고객을 직접 방문하여 배포하는 방법, 점포 앞에서 배포하는 방법, 박람회 혹은 행사 참가자들에게 배포하는 방법 등으로 구분할 수 있다.

(나) 구매시점광고(POP, Point of Purchase)

고객이 상품을 구매하는 장소에서 수행하는 광고를 말하는데, 일반적으로 벽면에 포스터를 붙여 놓은 방법, 상징적 물건을 설치해 놓은 방법, 음식점에서의 메뉴판 등이 있다.

(다) 우편광고

우편을 통하여 광고를 하는 것인데, 아파트의 경우에는 단순히 아파트의 동과 호수만 적어도 발송이 된다는 이점이 있다. 하지만, 그렇게 대량으로 배달된 광고의 경우에 대해 많은 소비자들이 부정적인 반응을 보이고 있다는 것도 생각해야 한다.

(라) 판촉물 광고

성냥, 열쇠고리, 달력, 포스트잇 등의 판촉물을 나누어 줌으로써 광고를 할 수 있는데, 고객의 특성을 분석하여 다양한 판촉물을 준비하는 것이 중요하다.

(마) 인명부광고

전화번호부, 지역 내 상가 책자 등에 광고를 하는 방법이 있는데, 요즈음 상가 책자들의 종류가 워낙 많아서 발행부수 및 배부처를 분석한 후에 광고게재 여부를 결정하는 것이 좋다.

(바) 구전광고

사람의 입을 통해 광고를 하는 것인데, 주로 주변의 인맥을 활용하게 된다. 구전광고는 고객이 오피니언 리더(opinion leader)인 경우에 특히 도움이 될 수 있다. 특히 여성들을 주고객으로 하는 창업인 경우에는 구전광고에 특별히 신경을 써야 한다.

(사) 데몬스트레이션(demonstration)

상점에 온 고객들을 상대로 상품의 특성이나 사용법을 알리기 위하여 데몬스트레이션하는 것도 소매업에서 효과적으로 이용하는 방법의 하나가 될 수 있는데, 소점포의 경우에는 동시에 방문하는 고객의 수가 제한되어 있어 실질적인 효과는 별로 없다.

(아) 디스플레이(display)

고객의 주의를 끌고 구매의욕을 일으키도록 상품을 진열하는 것을 디스플레이 혹은 진열이라 한다. 이러한 디스플레이를 효과적으로 이용하기 위해서는 상품, 대상고객, 색채, 장소, 조명, 레이아웃, POP광고 효과 등을 구체적으로 검토할 필요가 있다.

(자) 특별행사

소매점에서는 일정한 기간 동안에 특별행사를 할 수 있다. 즉 새해맞이, 민속의 날 행사, 창립기념일, 입학, 졸업, 어버이날, 어린이날, 정기바겐세일, 사은 대매출 등 여러 가지 특별행사를 진행할 수 있다.

3.4 언론을 활용한 홍보 진행

(1) 언론을 활용한 홍보를 적극적으로 진행

언론홍보는 기업, 단체 또는 관공서 등의 조직체가 커뮤니케이션 활동을 통하여 스스로의 생각이나 계획, 활동, 업적 등을 널리 알리는 활동을 말하는데, 광고의 대가를 지불하지 않는다는 특징이 있다. 즉, 신문, 잡지, 라디오, TV뉴스 등에 기업의 제품이나 서비스 혹은 기업 이미지를 뉴스거리로 제공할 수가 있다는 것이다(박진용, 2005. 6. 25).

사실, 창업 초기 기업의 경우에 언론을 잘 활용하면 돈을 거의 들이지 않고도 엄청난 홍보효과를 기대할 수 있는데, 대부분의 벤처 혹은 창업보육센터 입주기업들의 경우에는 홍보를 전담하는 직원이 없는 실정이다. 또한 언론을 통한 홍보의 중요성은 인식하고 있지만, 언론에 부탁을 해야 한다고 생각하거나 많은 돈 혹은 든든한 인맥이 있어야 가능하다는 생각을 하고 있다. 하지만, 많은 언론관계자들을 만나보면 기사거리가 될 만한 정보에 목말라 하고 있으며, 좋은 기사거리를 늘 원한다는 것을 알 수 있다.

필자가 1998년부터 창업분야에서 일한 경험을 토대로 언론을 활용한 홍보방법을 제시하면 다음과 같다. 일부 벤처기업들 중에는 언론에 기사 외의 다른 수단으로 접근하는 경우가 많은데 그

것은 잘못된 것이며 평생 동안 함께 갈 좋은 친구를 사귄다는 마음으로 언론에 접촉하는 것이 좋을 것이다.

① 언론에게는 좋은 기사를 준다는 생각을 가져야 한다. 일시적인 목적을 달성하기 위해 과장되거나 사실과 다른 자료를 언론에 보냈을 때에는 장기적으로 창업기업의 신뢰에 큰 손실을 줄 수 있음을 생각해야 한다.

② 회사에서 신제품 및 신기술을 개발했거나 새로운 경영성과가 있을 때에는 보도자료를 작성하여 언론에 메일로 발송하면 된다. 이런 것도 보도가 되겠나 하는 부정적인 생각보다는 기자의 입장에서 판단할 수 있도록 맡기면 되는 것이다.

③ 창업기업은 사회적 책임을 생각하고, 이윤추구 외에 사회적 활동에도 적극 참여한다. 요즈음 많은 벤처기업에서도 공익적 활동에 참여함으로써 자사의 인지도 혹은 신뢰성을 높이는 활동에 적극 참여하고 있는 실정이며, 그렇게 함으로써 자연스럽게 언론에 노출될 수 있다는 것이다.

④ 인터넷 언론을 효과적으로 활용하는 것은 매우 중요하다. 현재 국내에는 대체로 신문을 제작하는 언론과 인터넷에서만 존재하는 언론으로 구분할 수 있다. 인터넷 언론은 상대적으로 보도될 가능성이 더 높으며, 효과 또한 신문을 제작하는 언론사에 비해 결코 뒤떨어지지 않는다. 현재 인터넷 언론사는 연합뉴

스(www.yonhapnews.co.kr), 뉴스와이어(www.newswire.co.kr), 뉴시스(www.newsis.com), 프레시안(www.pressian.com) 등이 있다.

⑤ 특정 언론사의 기사가 다음, 네이버, 구글, 네이트 등의 포털에 등록되는가 하는 것을 확인해야 한다. 이러한 포털에 기사가 등록되는 언론사가 상대적으로 더 효과가 있다는 것을 생각해야 하는데, 포털에 등록된 기사들은 포털 사이트가 폐쇄되지 않으면 영구적으로 기사 검색이 가능하기 때문이다.

⑥ 카페(cafe)의 교육 및 행사를 언론에 보도하기 위해서는 사업자등록을 하는 것이 필요하며, 아울러 카페를 이용하는 회원들이 신뢰할 수 있도록 하는 것이 중요하다.

(2) 뉴스와이어와 뉴시스의 이해와 활용방법

창업을 하면 판매하는 상품과 서비스를 고객들에게 알려야 하는데, 돈이 많이 들어가는 광고보다는 언론홍보를 활용하는 것이 좋다. 우선 언론홍보는 고객들에게 신뢰를 주고 언론기사가 다음, 네이버, 네이트, 구글 등의 포털에서 검색이 되기 때문에 홍보의 범위가 넓으면서 효과가 오래 지속된다는 장점이 있다.

하지만, 초보창업자가 언론에 홍보를 한다는 것은 쉬운 일이 아니다. 특히 신문을 제작하고 있는 언론사에 기사를 게재하는 것은 매우 힘든 일이라고 할 수 있다. 그렇기 때문에 사이버 공간에 존재하는 언론사를 우선적으로 찾아보는 것이 좋은데, 처음에는 뉴스와이어(www.newswire.co.kr)와 뉴시스(www.newsis.com)를 활용하여 언론홍보를 시작해 보는 것도 좋은 방법이다.

(가) 뉴스와이어(www.newswire.co.kr)

뉴스와이어에서는 기업의 보도자료를 효과적으로 홍보할 수 있는 다양한 서비스를 제공하고 있는데, 보도자료를 언론과 포털에 10회 단위로 전송할 수 있는 쿠폰을 저렴한 가격에 미리 구입하여 사용하면 된다. 자세한 내용은 [서비스 안내] 메뉴에서 [보도자료 서비스]의 [서비스 신청]에서 확인할 수 있다. 뉴스와이어 서비스는 다음, 네이트, 구글에 보도 자료가 등록된다는 장점이 있다.

(나) 뉴시스(www.newsis.com)

뉴스시는 뉴시스와이어(www.newsiswire.co.kr)에서 보도자료를 작성하고 배포하는 서비스를 제공하고 있는데, 보도자료를 보낼 수 있는 포인트를 구매하면 된다. 예를 들어, 10포인트를 구매하는데 200,000원을 지불해야 한다. 뉴시스의 보도자료들은 다음, 네이트 등의 포털에 등록된다는 특징이 있다.

한편, 뉴스와이어와 뉴시스를 효과적으로 활용하기 위해서는 언론에 보도될 만한 기사거리가 있어야 하는데, 다음과 같은 방법을 활용하면 효과적이다.

① 새로운 기술의 개발, 제품의 출시, 새로운 시장의 진출, 해외 수출계약, 새로운 공장 및 시설의 설치 등 무엇인가 새로운 것이 있을 때마다 보도자료를 작성하여 배포한다.

② 보도자료를 배포할 때에는 반드시 관련 사진도 함께 등록한다. 또한 보도자료 내에 창업기업의 웹사이트 주소 및 전화번호를 반드시 포함시킨다. 그렇게 해야 보도자료의 효과가 장기간 지속될 수 있다.

③ 보도된 기사는 반드시 스크랩을 한 후에 회사의 웹사이트, 카페(cafe)와 블로그(blog), 트위터, 페이스북 등에 등록한다. 그렇게 하면 하나의 기사가 여러 개의 사이트에 등록되며, 그만큼 홍보효과는 커진다는 것이다.

(3) 언론에 보도된 기사의 활용

카페(cafe)에서 진행하는 다양한 모임, 활동 및 교육에 대한 내용이 언론에 보도가 되었다면, 그 기사를 카페지기가 운영하고 있는 카페와 블로그(blog) 등에 스크랩하거나 다시 등록하는 것도 홍보에 많은 도움이 된다. 이러한 측면에서 보면 카페지기는 다양한 종류의 카페, 블로그, 트위터, 페이스북 등을 운영하는 것이 필요하다는 것이다.

3.5 창업사이트의 접속을 늘리기 위한 키워드 광고 진행

창업기업에서 운영하는 웹사이트, 인터넷쇼핑몰, 카페와 블로그 등 창업자가 운영하는 다양한 인터넷사이트에 많은 사람들이 접속하도록 하기 위해서 가장 효과적인 방법이 바로 키워드 광고라고 할 수 있다. 예를 들어, 네이버(Naver)에서 네티즌들이 '나이키'라는 키워드로 검색을 했을 때에 창업자가 운영하고 있는 나이키 신발을 판매하는 인터넷쇼핑몰이 네이버의 상단에 검색되도록 해야 고객들이 많이 접속을 하게 되며, 상품 구매를 하게 된다는 것이다.

즉, 키워드 광고는 특정 키워드, 즉 검색어의 검색결과에 관련 있는 업체광고를 게재하는 100% 타겟팅된 맞춤광고 서비스이다. 키워드 광고는 해당 키워드를 검색하는 고객에게만 사이트를 홍보할 수 있어 보다 잠재 구매력이 높은 고객을 자신의 사이트로 이끌어준다. 이러한 키워드 광고는 크게 두 가지 방식으로 설명할 수 있다(김영문, 2009).

(1) CPC (cost-per-click) 방식 광고

검색이 일어난 후에 노출되는 횟수에 상관없이 고객이 사이트를 클릭했을 때만 비용이 지불되는 방식을 말한다. 즉, 광고주가 원하는 금액만큼 일정금액을 먼저 예치시킨 다음에 키워드 검색의 결과에 사이트를 노출시키고, 링크되어 있는 사이트를 클릭했을 때만 클릭당 비용을 차감시켜 나가는 방식을 말한다. 오버추어, 구글의 스폰서 링크와 네이버에서 진행하는 클릭초이스(파워링크, 비즈사이트) 등이 CPC 방식의 대표적인 사례들이다.

(가) 오버추어(www.overture.co.kr) 광고

다음(Daum), 네이트(Nate) 등의 포털에서 검색결과 최상단에 노출되는 입찰방식의 광고로서 최상단 노출로 사이트의 신뢰도, 인지도를 높여주며 다수의 방문자를 기대할 수 있다. 이 광고의 장점은 다양한 검색어를 활용함으로써 다양한 고객들을 사이트로 유인시킬 수 있다는 점이다.

(나) 스폰서 링크

특정 검색어의 검색결과 첫 페이지에 '사이트 제목-사이트 설명' 형식으로 제공되는 광고로 최상단에 위치하며, 검색어별로 최대 5위까지 광고영역을 제공한다. 스폰서 링크는 오버추어를 통해 서비스 신청을 하면 된다.

(다) 클릭초이스

통합검색결과 첫 페이지에 위치한 비즈사이트 영역에 노출되는 저렴한 키워드샵 상품으로 광고주가 직접 기술한 다양하고 정

확한 홍보내용이 최대 3줄까지 반영된다. 게재되는 광고의 수는 키워드에 따라 5개 또는 10개까지 지정되어 있으며, 대표적인 국내포털광고로는 '네이버-파워링크, 비즈사이트', '다음-프리미엄 링크' 등이 있다.

① 파워링크: 특정 검색어 검색결과 첫 페이지에 '사이트 제목-사이트 설명' 형식으로 제공되는 광고로 통합검색, 검색 결과 상단에 위치하며, 검색어별로 최대 10위까지 광고영역을 제공한다.

② 비즈사이트: 특정 검색어 검색결과 첫 페이지에 사이트의 부가정보와 함께 보여 주는 광고로 파워링크 아래에 위치하며, 검색어별로 최대 5위까지 광고영역을 제공한다.

(2) CPM (cost-per-mile) 방식 광고

일정기간 동안에 진행되는 광고에 대해 고정금액을 정액제로 지정한 후에 노출과 클릭에 상관없이 그 금액만큼만 진행되는 광고 방식을 말한다. 이 광고의 장점은 일정기간 동안 그 금액만 지급하면 그 고정 자리를 유지하므로 특별한 관리가 필요 없다는 점이다. 국내 포털사이트에서 진행되는 광고로는 다음-스페셜 링크가 있다.

한편, 웹사이트 혹은 카페(cafe)의 홍보를 위한 키워드 광고는 다음(Daum)의 첫 화면 맨 아래에 있는 광고안내(☎1566-2100), 네이버(Naver)의 첫 화면 맨 아래에 있는 광고 · 제휴(☎1588-5896), 네이트(Nate)의 첫 화면 맨 아래에 있는 키워드 광고문의(☎1599-3401)에서 자세하게 알 수 있다. 사실, 키워드 광고를 처음 시작하려고 하는 경우에는 어떤 키워드 광고를 해야 할지를 잘 모르는데, 그러한 경우에는 전화로 상담을 하는 것이 필요하다.

또한 최근에 다음(Daum)과 네이트(Nate)가 2011년 6월부터 키워드 광고분야에서 제휴를 하였다(아이뉴스24, 2011. 4. 14). 이에 따라 창업자의 사이트 주소를 알려주고, 어떤 키워드를 선정하는 것이 좋은지, 한 달에 얼마 정도의 광고비를 책정하는 것이 바람직한지 그리고 제휴 포털간의 키워드 광고 진행방법 등에 대하여 상담을 하는 것이 좋다. 아울러, 정기적으로 키워드 광고 사이트 내의 광고효과 보고서를 살펴봐야 한다. 즉, 개별 키워드별로 노출횟수, 클릭횟수, 클릭률, 평균클릭비용, 총비용을 살펴보면서 특정 키워드 광고를 계획해야 할지 혹은 중단해야 할지를 판단해야 한다.

하지만, 아직도 일부 창업자들의 경우에는 그냥 광고대행사에 맡겨서 진행을 하는데, 그렇게 하는 경우에 키워드 광고를 잘 하는 요령을 배우기가 어렵다는 문제가 있다. 따라서 처음에는 월

5~10만원부터 시작하고 키워드 광고에 대한 전문지식을 배워가면서 점차 광고비를 늘려가는 것도 좋을 것이다.

☞ 키워드 광고는 창업사이트의 성격이나 추구하는 목표에 따라 달라지는데, 경쟁관계에 있거나 유사한 사이트가 키워드 광고를 어떻게 하고 있는가를 살펴보는 것도 도움이 된다.

☞ 네이버(Naver)에는 지식쇼핑(shopping.naver.com)이라는 독특한 광고상품이 있는데, [입점안내]에서 자세한 내용을 소개하고 있다. 다음(Daum)에는 쇼핑하우(shopping.daum.net)를 운영하고 있는데, 네이버(Naver)의 지식쇼핑과 유사한 방식으로 운영하고 있다. 한편, 네이버 지식쇼핑의 입점과 비용은 아래의 두 가지로 구분할 수 있다.

① CPC(Cost Per Click) 과금: 네이버 지식쇼핑은 상품구매 의사가 있는 이용자가 브라우징 또는 검색을 통해서 해당 상품을 확인하고, 상품을 클릭하여 입점사의 쇼핑몰로 넘어갈 때마다 일정 금액(클릭당 단가)이 부과된다. 이러한 과금체계를 CPC 과금이라고 하며, CPC 과금은 상품이 등록된 카테고리별로 나누어 차등 적용된다.

② CPS Package 입점이란? CPS Package 입점시 매월 고정비와 지식쇼핑을 통한 매출액의 일정 %를 판매수수료로 부과한다. 입

점을 하기 위해서는 쇼핑몰을 오픈한 지 6개월 이상되고, 성인용품이나 네이버에서 취급하지 않는 상품을 제외하면 입점이 가능하다

3.6 동영상(UCC)을 활용한 홍보

창업자가 홍보를 하고 싶은 점포, 전자상거래사이트뿐만 아니라 카페의 홍보를 위한 다양한 동영상(UCC)을 제작하여 웹사이트에 등록할 수 있다. 이를 위해서는 먼저 다음과 같은 세 가지 방법으로 동영상(UCC)을 만들 수 있다.

① 디지털카메라로 영상을 촬영한 후에 디지털카메라를 컴퓨터에 USB케이블로 연결하면 자동적으로 동영상 파일이 만들어진다. 화소(picture element)가 높은 디지털카메라의 경우에는 캠코더보다 오히려 더 선명한 영상을 촬영할 수 있다.

② 캠코더(camcorder)를 사용하여 영상을 촬영한 후에 캠코더의 구입 시에 제공되는 소프트웨어를 활용하여 동영상 파일로 만들 수 있다. 하지만, 초보자의 경우에는 캠코더를 활용한 동영상의 제작은 쉽지 않기 때문에 앞에서 설명한 디지털카메라를 활용하는 것이 편리하다.

③ 모든 컴퓨터에 내장되어 있는 무비메이커(Windows Movie

Maker)를 활용하여 동영상을 만든 후에 파일로 저장한다(베타뉴스, 2011. 9. 2). 무비메이커는 컴퓨터의 [시작]에서 [모든 프로그램]을 클릭하면 확인할 수 있다.

홍보용 동영상(UCC)을 만든 후에는 여러 사이트에 등록하면 되는데, 아래와 같은 사이트들에 등록하면 홍보효과가 크다. 또한 아래의 사이트에서는 창업자가 등록한 동영상(UCC)이 얼마나 플레이(혹은 view)되었는가에 대한 통계자료도 제공하고 있다.

① 다음의 TV팟(tvpot.daum.net): '마이팟' 메뉴에서 등록한 전체 동영상을 볼 수 있으며, 몇 번이나 플레이(play)가 되었는지에 대한 통계도 제공하고 있다.

② 네이버의 카페(cafe) 혹은 블로그(blog)

③ 네이트 동영상(video.nate.com)

④ 판도라TV(www.pandora.tv)

⑤ 유튜브(www.youtube.com): 'insight' 메뉴에서 전체 동영상의 뷰(view)에 대한 통계를 제공하고 있다.

한편, 동영상(UCC)을 만든 후 용량이 100M를 초과하여 포털에 등록할 수 없는 경우에는 다음의 팟인코더(tvpot.daum.net/application/PotEncoder.do)를 사용하여 용량을 줄일 수 있다. 아울러 팟인코더는 긴 영상에서 필요한 부분만 자르거나 여러 개의 영상을 합치고 싶을 때, 또 동영상의 앞뒤에 오프닝과 엔딩을 삽입할 수도 있는 기능도 제공하고 있다(케이벤치 2010. 2. 23). 한편, 팟인코더를 사용할 때에 고려사항은 다음과 같다.

① 여러 개의 동영상을 불러서 한꺼번에 용량을 줄일 수 있다.

② 인코딩 옵션에서 "100M인코딩"을 선택해야 한다.

③ 저장폴더에서 인코딩된 동영상을 저장할 폴더를 지정해야 한다.

3.7 소셜 네트워크 서비스(SNS)에서 홍보하기

먼저 소셜 네트워크 서비스(Social Network Service, SNS)는 온라인 인맥구축 서비스이다. 즉, 1인 미디어, 1인 커뮤니티, 정보 공유 등을 포괄하는 개념이며, 참가자가 서로에게 친구를 소개하여, 친구관계를 넓힐 것을 목적으로 개설된 커뮤니티형 웹사이트이다(위키백과, ko.wikipedia.org).

이러한 소셜 네트워크 서비스는 창업자의 카페(cafe) 외에도 점포 혹은 인터넷쇼핑몰 등을 홍보하는 데 매우 유용하게 활용될 수 있는데, 창업자가 가입한 소셜 네트워크 서비스뿐만 아니라 다른 사람들이 가입한 소셜 네트워크 서비스를 공동으로 활용하여 창업자의 웹사이트들을 홍보할 수 있다.

현재 대표적인 소셜 네트워크 서비스의 종류는 아래와 같다. 이러한 사이트들에 가입하여 활용방법을 습득한 후에 어떻게 사용하는 것이 홍보에 도움이 되는지를 파악하는 것이 필요한데, 최근 소셜 네트워크 서비스의 이용자가 급속하게 증가하고 있는 실정이다. 예를 들어, 트위터 및 페이스북은 페이지뷰 기준으로 2010년 1월에서 2011년 8월까지 수십배 이상 트래픽이 증가하고 있는 것으로 조사되었다(뉴스토마토, 2011. 9. 16).

① 트위터: www.twitter.com

② 페이스북: www.facebook.com

③ 미투데이: www.me2day.net

④ 한국어트위터: www.twtkr.com

주요 소셜 네트워크 서비스 중에서 페이스북을 활용하여 창업자의 카페(cafe)를 홍보를 하는 몇 가지 방법을 소개하면 다음과 같다.

① 노트(앱)를 설치하여 홍보하면 좋은데, 노트(앱)는 일종의 게시판과 같은 기능을 갖고 있어서 다양한 글을 등록할 수 있으며, 글의 맨 아래에는 창업자의 카페 주소를 입력하는 것도 필요하다.

② [이벤트]에서 [이벤트 만들기]를 클릭하여 모임, 교육 및 행사에 대한 정보를 등록할 수 있다.

③ [사진]을 클릭한 후에 [동영상 올리기]를 활용하여 홍보하고 싶은 내용에 대한 동영상(UCC)을 제작하여 등록할 수 있다.

④ [담벼락]은 일종의 [한 줄 메모장]과 같은 기능을 갖고 있는데, 수시로 홍보할 내용을 등록하면 된다.

3.8 사이트의 주소를 포함시키기

평소에 자주 접속하는 웹사이트에 글을 등록할 때에는 반드시 창업자가 운영하고 있는 웹사이트의 주소도 함께 등록하는 습관을 가지는 것이 필요하다. 예를 들어, 페이스북(www.facebook.com)에서 노트 앱을 추가하여 다양한 주제의 글을 등록할 때에도 웹사이트의 주소를 포함시키게 되면 글을 읽은 페이스북 친구들이 창업자의 웹사이트에 접속할 수 있다는 것이다. 또한 유튜브(www.youtube.com)에 동영상(UCC)을 등록할 때에도 설명부분에 웹사이트 주소를 포함시키는 것도 홍보에 도움이 된다.

Boyd, danah m. and Ellison, Nicole B. (2007). "Social Network Sites: Definition, History, and Scholarship," *Journal of Computer-Mediated Communication*, 13(1): 210–230.

강현순, "인터넷비즈니스 창업실무", 2005 부산광역시 창업강좌 책자, 2005

강현순, "인터넷비즈니스 창업실무", 2006 부산광역시 창업강좌 책자, 2006

건설경제신문, "스마트폰 결제부터 주문배송 조회까지 '3S'로 통한다", 2011. 5. 12

권영설, 친철한 이베이 창업 운영 가이드, e비즈북스, 2012. 11. 16

경기지방중소기업청, 소상공인! 알아야 성공한다, 2003

경남도민일보, "파워블로그", 2013. 1. 30

김병성, 박대윤, 조주연, 인터넷창업, 절대로 하지 마라, 정보문화사, 2006

김석주, 홈페이지 만들기, 가남사, 1997

김영문, 창업학, 법문사, 2009

김영문, 창업길라잡이, 집현재, 2011

김영문, 카페(cafe)로 창업하기, 집현재, 2012

내일신문, "국가공인 중소기업 컨설팅 전문가…업무 증가 추세", 2011. 4. 4

내일신문, "민간자격증만 1842개 '자격증 홍수시대'", 2011. 10. 12

뉴스토마토, "한진-KT, 전국 화물차에 RFID 탑재… '화물차 추적' 新사업 맞손", 2012. 11. 30

뉴스토마토, "카페 · 블로그 지고, SNS · 메신저 뜬다", 2011. 9. 16

동아일보, "망중립 논의 본격화 2부-현실을 반영해야 하지 않을까?", 2011. 9. 23

동아일보, "책 안 들고 다녀도 언제 어디서나 읽을 수 있어요", 2006. 1. 25

디지털타임스, "24시간 불밝히는 고객감동 쇼핑몰", 2011. 5. 31

매일경제, "전자결제업체 경쟁 뜨겁다", 2000. 7. 18

매일경제, "소상공인지도사 자격증 교육 외", 2011. 1. 7

머니투데이, "'외톨이' 네이버, 검색독주 막내리나", 2011. 4. 18

민승기, 이베이와 함께 세계시장으로, 해외문화, 2009. 4. 25

박진용, 언론과 홍보, 한국케이블TV방송협회, 2005. 6. 25

베타뉴스, "한국판 페이스북 앱의 들판에도 봄은 오는가", 2011. 5. 11

베타뉴스, "동영상과 사진만 있으면 작품이 뚝딱! 윈도우 라이브 무비메이커", 2011. 9. 2

서울신문, "민간자격증 광고 속지 마세요", 2011. 2. 18

세계일보, "컨텐츠 시장의 유료화에 따른 컨텐츠몰 창업 증가", 2011. 5. 31

아시아투데이, "홈쇼핑 소셜커머스 시장 진출…기존 업체 위기", 2013. 2. 25

아이뉴스24, "다음-네이트 맞손, 네이버 검색광고 독주에 브레이크", 2011. 4. 14

아주경제, "KOTRA, 해외 전자상거래시장 진출 지원", 2011. 3. 28

아크로팬, "인터넷 등록 도메인, 2억 3,300만 개로 증가", 2012. 8. 3

이데일리, "가맹거래사, 유망 자격증으로 평가", 2011. 5. 25

이투데이, "삼성전자-애플, 끝나지 않는 혁신 전쟁… 멈추지 않는 특허

공방", 2013. 2. 4
연합뉴스, "인터넷 사용 인구비율 64.4%", 2002. 10. 25
원승교, 나 혼자 꾸리는 인터넷 상점 처음부터 성공까지, 제우미디어, 2006
전자신문, "카카오페이지, 콘텐츠 만드는 '페이지 에디터' 공개", 2013. 2. 7
주간조선, "인터넷 쇼핑 시장 10년 만에 10조원 넘어", 2006. 6. 13
중앙일보, "애플 앱스토어, 100만 번째 앱 올라왔다", 2012. 11. 20
조유신, 이베이에서 10억 벌기, 휴먼하우스, 2011. 8. 10
케이벤치, "재능과 독특함으로 알바를 하는 컨텐츠거래 사이트 아이끼 닷컴(www.i-kki.com) 출범", 2011. 10. 10
한국경제, "이베이 제친 오픈마켓 1위 타오바오 비결", 2011. 10. 20
한국경제TV, "2009년 초고속가입자 1,671만명", 2006. 1. 25
한국일보, "e-메일 결제 서비스", 2001. 3. 7
한국일보, "네이버 지식쇼핑 독주… 한달 1,300만명 클릭", 2012. 12. 24
헤럴드생생, "'소셜쇼핑' 싸서 좋아… 소비자군단이 몰려온다", 2010. 10. 8
홍성근, 김동희, 대박터진 쇼핑몰 노하우 훔쳐보기, 렉스미디어, 2003
ZDNet Korea, "전 세계 전자상거래 규모 첫 1조달러 돌파", 2013. 2. 6

네이버 백과사전, 100.naver.com
네이버 지식백과. terms.naver.com
네이버 지식iN, kin.naver.com
다음 어학사전, dic.daum.net
레포트월드, www.reportworld.co.kr
온라인 무역전문 블로그, tradekorea.tistory.com
위키백과, ko.wikipedia.org
위키피디아 www.wikipedia.org

무점포 무일푼으로 인터넷창업하기

2013년 7월 1일 초판 인쇄
2013년 7월 5일 초판 발행

저 자 김 영 문
발행인 위 호 준
발행처 도서출판 집현재
121-130 서울특별시 마포구 토정
198번지 204호
전화 (02)332-4922 Fax (02)3142-4922
홈페이지: www.jhjbook.co.kr
e-mail: jyp4922@naver.com

출판등록 2010년 10월 25일
등록번호 제105-91-57581호

정가 15,000원 ISBN 978-89-97304-22-6

이 도서의 국립중앙도서관 출판시도서목록(CIP)은 서지정보유통지원시스템 홈페이지(http://seoji.nl.go.kr)와 국가자료공동목록시스템(http://www.nl.go.kr/kolisnet)에서 이용하실 수 있습니다.(CIP제어번호: CIP2013006565)